D1705870

Wir drucken umweltfreundlich!

Gedruckt auf 100% Recyclingpapier; alterungsbeständig nach DIN ISO 9706; ausgezeich-
net mit dem Umweltzeichen »Blauer Engel« und dem »Nordic Environmental Product Label«.
Herstellung: Verlagsdruckerei Monsenstein und Vannerdat OHG, Münster. Druck, Bindung
und Weiterverarbeitung stets unter Verwendung von umweltfreundlichen Materialien und
Drucktechniken.

Rainer Daus

Die Seelenkrüppel

Roman

EDITION OCTOPUS

Rainer Daus, »Die Seelenkrüppel«
© 2007 der vorliegenden Ausgabe: Edition Octopus
Die Edition Octopus erscheint im
Verlagshaus Monsenstein und Vannerdat OHG, Münster
www.edition-octopus.de
© 2007 Rainer Daus

Umschlag & Satz: Claudia Rüthschilling

Druck und Bindung: MV-Verlag

ISBN 978-3-86582-551-3

Es gibt Menschen, die bewirken nichts in dir,
obschon sie dich ein Leben lang begleiten.

Dann gibt es Menschen, die bewirken Wesentliches in
dir, obschon sie nur eine kurze Zeit an deiner Seite sind.

Ich danke Gott, dass ich einem Menschen begegnen
durfte, der Wesentliches in mir bewirkt hat.
Sein Name: Rüdiger S. Ihm ist dieser Roman gewidmet.

»Mehr als Trost ist: Auch du hast Waffen.«
Franz Kafka, *Tagebucheintrag vom 12. Juni 1923*

1

»Lies das mal!«, sagte der Vater im Ton eines Kommandeurs und schob ihm einen Zeitungsartikel quer über den Frühstückstisch. Cornelius Kreutz warf einen flüchtigen Blick auf die Schlagzeile: *Wer erbt, wird bluten.* Ein Bericht aus der WESTFALENPOST, den der Vater versehen hatte mit dem Datum von gestern, handschriftlich, in Rot.

Da stehe alles drin, sagte der Vater, trank Kaffee aus seiner blauen Porzellantasse, biss kräftig in seine Mohnbrötchenhälfte, dass die Kruste krachte. Die Kaugeräusche, die der beim Zermalmen des Brötchens produzierte, gingen Kreutz auf die Nerven. Wie ein Rind, dachte Kreutz, das auf der Weide steht und frisst. Am liebsten wäre Kreutz aufgestanden und gegangen.

Dann steh doch auf und geh!

Kann ich nicht.

Warum?!

Weil –

Weil du keinen Mumm hast!

Quatsch.

Deine Schwester hätte nicht so lange gefackelt! Die hätte dem gesagt: Friss nicht wie ein Vieh! Deine Schwester hat Mumm! Die traut sich was! Und dabei ist die viel jünger als du!

Die sitzt ja auch in Berlin. Aus der Distanz lässt sich leicht auf einen Menschen schießen.

Ausreden, nichts als Ausreden! Gib doch zu, dass du keinen Mumm hast! 44 Jahre alt, Studienrat – und hat keinen Mumm! Mein Gott!

Schluss jetzt.

Bitte, wie du willst. Aber los bist du mich nicht!

»Die machen ernst«, sagte der Vater, »die Arschlöcher in

Berlin wissen genau, wo was zu holen ist.« Wenn Kreutz den Arschlöchern in Berlin, die sich Volksvertreter nennen würden, nicht das Geld in den Rachen werfen wolle, dann werde es Zeit.

»Zeit für was?«, fragte Kreutz, ohne seinen Vater anzusehen.

»Zeit zum Handeln«, sagte sein Vater, ohne Kreutz anzusehen.

Kreutz wusste genau, worauf sein Vater hinauswollte. Er kannte Gesprächsführungen dieser Art. Eine Hand voll Sätze brauchte der vielleicht noch, dann würde der sagen: »Cornelius, übernimm endlich das Haus!«

Es werde nicht mehr lange dauern, sagte der Vater, dann würden die da oben so stark an der Erbschaftssteuerschraube drehen, dass die Erben nur noch quietschten. Und warum machten die das? Weil die Geld bräuchten. Und zwar zum Verplempern! Jawohl, zum Verplempern bräuchten die das! Zum Beispiel für U-Boote, die sie in Deutschland bauten, um sie anschließend den Juden in Israel zu schenken. So sei das. Und bei den Erben würden die sich das Geld holen, das die für U-Boote bräuchten, die sie dann den Juden schenkten. Also müsse eine Entscheidung her. Die Zeit sei reif. Jetzt. Länger warten könne man nicht. Dürfe man nicht. Sonst schlügen die Arschlöcher in Berlin zu und es bleibe später nichts. Er, der Vater, sei jedenfalls bereit, das Haus auf ihn, Kreutz, zu überschreiben.

Aha, dachte Kreutz, die alte Chose, wusste er's doch.

Er oder seine Schwester, einer müsse das Haus übernehmen. Oder das Häuschen sei bald futsch, sagte der Vater und tippte mit dem Zeigefinger dreimal auf den Zeitungsbericht. Da habe man jahrzehntelang gebuckelt und sich endlich was Solides aufgebaut und die da oben wollten einem alles wieder rauben. »Verbrecher sind das«, sagte der Vater, »nichts als Verbrecher und Pack!« Und griff nach dem nächsten Mohnbrötchen, das in einem kleinen geflochtenen Körbchen lag.

Diesen Ton seines Vaters kannte er, dieses Vokabular. Der Ausdruck eines Kleinbürgers, der sich offenbar anders nicht zu wehren wusste. Es irritierte Kreutz nicht mehr, wenn sein Vater so sprach. Kreutz hörte einfach nicht mehr hin. Weil es sich ständig wiederholte. Und doch nichts bewirkte. In der Sache und überhaupt. Kreutz ließ seinen Vater schwätzen, wie er ihn immer schwätzen ließ. Wenn der meinte, dass es ihm half, so zu reden, bitte, sollte er reden, wie er meinte, dass es ihm half. Kreutz dachte dann immer nur: So wie der ist oder geworden ist, ist der nur noch peinlich. Also mit dem hinaus in ein Lokal oder ein Café? Unmöglich! Vor zwei Jahren hatte sich Kreutz das letzte Mal mit seinem Vater in einem Café gezeigt. Vater und Sohn also gemeinsam in der Öffentlichkeit. Kreutz hatte den damals eingeladen, aus einer puren Laune heraus. Auf dem Marktplatz hatten sie gesessen in der Stadt, im Freien; Sonne satt, Temperaturen um 20 Grad; frische Waffeln hatten sie gegessen mit Schlagsahne und Sauerkirschen, später noch ein Vanilleeis. Dann waren plötzlich von irgendwoher Jugendliche gekommen, Türken, ein ganzer Trupp, sieben oder acht Jungs, Baseballkappen auf dem Kopf, den Mützenschirm nach hinten ins Genick gezogen, Hosen, die in den Kniekehlen hingen, Turnschuhe mit lose baumelnden Schnürsenkeln, lachend und grölend und lässig waren sie über den Marktplatz gezogen, als gehörte ihnen die Welt, Jungs, nicht älter als vierzehn oder fünfzehn. Sein Vater hatte den Auftritt kommentieren müssen: Wenn er dieses Geschmeiß auch nur sehe, könnte er schon platzen. »Unzivilisiertes Geschmeiß!« Dann noch einmal, lauter jetzt: »Geschmeiß, verdammtes!« Gäste, die an Nebentischen saßen, hatten sich umgedreht nach ihnen und geschaut mit geringschätzigem Blick. In dieser Sekunde hatte Kreutz beschlossen: Mit dem gehst du nicht mehr hinaus.

Seinen Vater jetzt noch ändern zu wollen, war zwecklos. Oder zu spät. Fand Kreutz. Wie wollte man einen, der fast siebzig war, noch ändern?! Sachlich hatte Kreutz irgendwann für sich die Tatsache festgestellt: Das ist dein Erzeuger, der dich in die Welt gesetzt hat aus welchem Grund auch immer, aber mehr als dieses Erbgut und der Name Kreutz verbindet euch nicht. Er und sein Vater waren sich fast so fremd wie Mann und Frau. Kreutz hatte sich abgefunden mit der Tatsache, dass es nichts brachte, um die Wertschätzung und Anerkennung eines Vaters zu buhlen, der Wertschätzung und Anerkennung nicht zu geben bereit oder fähig war. Kreutz brauchte das auch nicht mehr. Wie lange hatte Kreutz gehofft – auf ein Zeichen, ein unmissverständliches, das ihm der Vater geben würde, um ihm, Kreutz, zu demonstrieren, dass der Vater den Sohn genauso liebte und achtete und wertschätzte wie Evelinde, Kreutz' Schwester in Berlin! Aber dieses Zeichen war ausgeblieben. Da war nichts, da kam nichts, da würde nie etwas kommen, das als Achtungsbeweis interpretierbar wäre. Was Kreutz auch erreicht hatte in seinem Leben – Schule, Studium, Studienrat: Nie ein anerkennendes Wort von dem. Bis heute nicht. Selbst als Kreutz seinen ersten Roman publiziert hatte, er in vielen Zeitungen zu sehen gewesen war mit Bild: vom Vater kein Wort. Wenn es eine atmende Verkörperung von Ignoranz gab, dann sein Vater, Waldemar Kreutz. Manchmal hatte Kreutz tatsächlich gedacht: Dieser Vater ist keine Hilfe, dieser Vater ist wie ein Fluch. Dass Kreutz so über den dachte, wusste der natürlich nicht. Aber so gedacht hatte er schon. In letzter Zeit sogar immer öfter. Kreutz hatte auch nicht das Gefühl, dass das unmoralisch sei oder sonst irgendwie verwerflich, wenn er so dachte. Er fand, dieser Gedanke drücke lediglich aus, was Tatsache war. Und Tatsachen sind, was sie sind: unumstößlich. Und damit basta. Kreutz musste sich nur an einen dieser blöden Vatersprüche erinnern, die er, seit er Lehrer war, so oft über sich hatte ergehen lassen müssen – schon blitzte dieser Fluch-Gedanke auf und blendete ihn wie Laserlicht. Was denn ein Studienrat sei im Vergleich mit dem Handwerk – Meister oder Geselle? Oder: Begegnen sich zwei Beamte auf dem Flur. Sagt der eine zum andern: Und, kannste auch nicht schlafen? Oder: Was haben Robinson Crusoe und ein Beamter gemeinsam? Beide warten auf Freitag. Oder: Was der Unterschied sei zwischen einem Beamten und einem Stück Holz? Holz arbeite. Ha-ha-ha.

Jetzt also wieder das Hausübernahmethema. Und das am ersten Ferientag! Mein Gott, als ob es nichts anderes gäbe! Wichtigeres! Persönlicheres! Wie oft hatten sie dieses Thema schon durchgekaut! Und wie oft hatte Kreutz dem signalisiert: irrelevant, für ihn, Kreutz. Sollte doch Evelinde das Elternhaus übernehmen! Die hatte einen Mann, ein adoptiertes Kind, dazu sieben Katzen und ein Aquarium mit 23 Zierfischen hatte die auch. Er, Kreutz, hatte nichts – außer sich selbst. Er brauchte das große Haus also nicht. Ja, wenn er Familie hätte, zwei kleine plärrende Bälger, die ihre eigenen Stuben brauchten und viel Platz im Garten zum Fangenspielen, wenn Kreutz also ein typischer Kleinbürger wäre, für den Familie und Haus und Garten das Ein und Alles sind – dann hätte Kreutz sich womöglich eingelassen auf dieses Vatersohngeschäft. Aber so, unter den gegebenen Umständen?! Nein! Und dann das viele Geld, das dieses Haus verschlang! Und in Zukunft verschlingen würde! Wenn Kreutz Geld ausgab, dann wollte er das ausgeben für Sportwagen und Vollverstärker von ACCUPHASE und Weiber mit großen festen

Brüsten – aber nicht für Dachpfannen oder Kantensteine oder Rohre aus Ton, durch die der Kot ins nächste Klärwerk fließt.

Was Kreutz wollte? Dass der Vater ihn endlich in Ruhe ließ. Mit seiner Hausfrage und überhaupt. Kreutz fand, er habe seinem Vater nichts mehr zu sagen. So wie auch der ihm, wie Kreutz meinte, nichts mehr zu sagen hatte. Das war ja auch so was, was mittlerweile war wie ein Naturgesetz: dass man samstags morgens am Frühstückstisch saß zwischen acht und neun, Mohnbrötchen mampfte maschinengleich, Kaffee trank aus blauen Porzellantassen – und nichts sprach. Sich auch nicht ansah. Stattdessen zum Küchenfenster hinausschaute oder auf das Frühstücksbrettchen aus dunklem Holz oder aber rasch zur Tageszeitung griff, die wie üblich auf dem freien Küchenstuhl lag. Wenn doch wenigstens ein bisschen Musik liefe im Hintergrund! Von ihm aus auch TV! Irgendetwas, das ihm zeigte, dass noch nicht gar alles tot war in dieser Welt! Bei seiner Mutter, wenn er sie besuchte, lief ständig Musik. Die hörte auch CDs, Naabtal Duo, Kastelruther Spatzen und wie sie alle hießen. Nun ja, diese Musik war nicht gerade sein Geschmack, aber er fand es einfach nur schön und freute sich, wenn seine Mutter die Lieder, die sie hörte, leise mitsang, manchmal sogar ein bisschen tanzte oder sich in den Hüften wiegte zum Takt der Musik, während sie Kartoffeln schälte oder den Fußboden wischte mit ihrem alten gelben Mopp. Dann dachte er immer: Seine Mutter, obzwar sie genauso alt wie der Vater war, lebte. Sein Vater hingegen, fand er, verkümmerte, verkarstete, verödete an sich selbst. Obschon auch der ein Radio stehen hatte im Kücheneck. Dazu CDs, mindestens zwanzig Stück, Countrymusik, Truck Stop, Tom Astor, Gunter Gabriel und so fort. Valerie Wolzenburg, dachte Kreutz, die hatte ja damals dafür gesorgt, dass ein bisschen Leben in die Bude kam. Und dazu gehörte Musik. Aufgegabelt hatte der Vater diese Valerie in seiner Polstermöbelfabrik in Frankenberg. Kurz nachdem sich der Vater von Kreutz' Mutter Elisabeth hatte scheiden lassen, hatte der die angeschleppt und ihm, Kreutz, unten im Hausflur lapidar mitgeteilt: »Das ist Valerie. Sie wird ab morgen wohnen bei mir.« Zwei Koffer hatte die dabeigehabt, als die kam, dazu eine Plastiktüte, die mit irgendwelchen Dokumenten vollgestopft war. Kreutz war Valerie erschienen wie eine Frau, die auf der Flucht war. War sie ja auch. In einer Nacht-und-Nebel-Aktion war die sozusagen weg von ihrem Ehemann. Dass Valerie, als die zum Vater floh, zwei Kinder zurückgelassen hatte, Mädchen, das eine 11, das andere 13, hatte ihm der Vater zunächst nicht gesagt. Im Grunde hatte Kreutz das auch nicht interessiert. Der Vater führte sein Leben, er, Kreutz, führte seins. So hielt man das seit Jahren, so sollte es auch bleiben. Sonderbar war nur, wie der Vater sich aufgeführt hatte, seitdem Valerie an seiner Seite war. Wie der geschwärmt hatte von ihr! Seine große Liebe sei Valerie, seine Erfüllung! Was sei er doch froh und glücklich, diese Frau gefunden zu haben! Valerie gebe seinem Leben neuen Schwung! Mit ihr an seiner Seite ergebe das Leben wieder einen Sinn! Dass der so geschwärmt hatte von Valerie, hatte Kreutz von Evelinde erfahren. Ihr hatte der Vater sich mitgeteilt, ihm, Kreutz, jedoch nicht. Kreutz hatte beim Vater lediglich gewisse Veränderungen feststellen können, die den ergriffen hatten wie eine Virusinfektion. Was es vorher für den Vater nicht gegeben hatte, wurde plötzlich einfach gemacht: zweimal Urlaub im Jahr, zum Beispiel. Mal ging's in die Toskana, mal in die Provence. Sogar in die Türkei war der Vater gereist mit seiner Valerie, vier Wochen, Flugreise, LTU, *all inclusive*, zum Schwimmen, Schnorcheln, Segeln im östlichen Mittelmeer. Gesehen hatte Kreutz sie, wie sie

Händchen haltend spazieren gingen durch die Berleburger Innenstadt oder durch den weiten fürstlichen Park. Und Geburtstage wurden seit Valerie wieder gefeiert bis weit nach Mitternacht. Kaum war Valerie ein Jahr im Haus, wurde die komplette Wohnung renoviert: Küche, Wohnstube, Schlafzimmer, Bad – kein Raum blieb, wie er einmal war. Alles, was noch aus der Zeit stammte, als der Vater mit Elisabeth verheiratet gewesen war, kam raus. Kreutz hatte noch heute ein Foto von jenem Sperrmüllberg, den der Vater vor dem Haus aufgetürmt hatte fast zwei Meter hoch. Und dann die Blumen! Überall blühte und duftete es plötzlich. Betrat man die Wohnung des Vaters, dachte man sofort: Bundesgartenschau. Valerie konnte offenbar nicht ohne Blumen sein. Vor allem Rosen mussten es sein. In allen Farben. Sogar Rosen in dunkelstem Blau. Aber irgendwann war's dann mit den Rosen vorbei. Weil alles vorbei war. Plötzlich, sozusagen. Im Dezember '99 war das gewesen. Kurz vor Nikolaus. Schneefall wie in Graubünden, dazu minus drei Grad. Valerie kommt von ihrer Schwester, die in Biedenkopf wohnt. Man hat ein bisschen was getrunken, aber nicht viel, zwei, drei Gläser Wein, vielleicht noch einen Likör. Sie will noch spät in der Nacht zurück zu Waldemar Kreutz. Auf der Straße ist es glatt, Sicht ungefähr 30 Meter, das weiße Geflock fällt ziemlich dicht. Kurz vor Hatzfeld muss sie durch einen Wald. Die Landstraße ist kurvig, die Kurven sind eng, Haarnadelkurven, also gefährlich, selbst für den, der die Strecke kennt. Dann ein Rudel Wildschweine im Scheinwerferlicht. Valerie reagiert sofort. Aber falsch. Anstatt draufzuhalten, bremst sie scharf ab. Sofort gerät ihr CORSA ins Schlingern. Wild dreht sie am Lenkrad hin und her – und auch das ist falsch. Ihr Kleinwagen jetzt so unkontrollierbar, wie wenn bei Tempo 200 ein Vorderreifen platzt. Die Leitplanken halten das Fahrzeug nicht, samt Valerie stürzt der CORSA eine Böschung hinab. Mindestens 20 Meter schabt das Bodenblech über Baumstümpfe und morsches Geäst, dazu walzt es noch zwei Dutzend Tannenschößlinge platt. Aber das Auto überschlägt sich nicht. Kracht unten in Flussnähe gegen einen Baum. Ausgerechnet gegen eine Erle, die schon 120 Jahre an der immer gleichen Stelle steht. Und so eine alte Erle hält schon was aus! Zumal einen kleinen CORSA, der da mit der Flanke gegen ihren Baumstamm kracht. Und wie widerstandsfähig die Äste einer Erle sind! Die durchschlagen oder durchstoßen so eine Opel-Scheibe wie nichts. Valerie wird aufgespießt wie eine Sau, die man überm Lagerfeuer brät. Ein Ast bohrt sich von der Wange schräg durch den Kopf bis hinauf ins Hirn, ein zweiter zerfetzt irreparabel ihren Hals. Fontänisch spritzt aus Venen und Arterien ziemlich schnell viel zu viel Blut. Die Männer von THW und Feuerwehr, die Valeries Leichnam bergen, sagen später aus, so etwas Schlimmes hätten sie noch nicht gesehen. 47 war sie geworden, des Vaters *lieber Schatz*. Und seitdem war es eben mit der großen Liebe vorbei. Und mit seinem Vater, dachte Kreutz, auch.

Kreutz schaute jetzt von seinem Frühstücksbrettchen auf und zum Küchenfenster hinaus. Bei den Thüringern von nebenan tat sich was. Die rannten herum wie Volk nach einem Bombenangriff. Mehrere Koffer trugen die aus ihrem Haus, dazu Taschen, Rucksäcke, eine Kühltasche in Blau. Die hauten offenbar ab. Einfach so. Der Sohn, Frisur wie ein Elitesoldat, Formgebungstechniker von Beruf, verschwand in der Garage, schob Fahrräder herbei, drei Stück. Ein Familienausflug offenbar. Schön. Kreutz konnte beobachten, wie die ihre Mountainbikes aufs Toyotadach hievten, mit Spanngurten alles ordentlich festzurrten. Vater und Sohn arbeiteten Hand in Hand. Die lachten sogar bei ihrer schwierigen Verladeaktion! So muss das sein, dachte Kreutz und nickte. Die Thüringer von nebenan demonstrierten ihm, wie anders das doch sein konnte, das Verhältnis zwischen Vater und Sohn. War er etwa neidisch auf die? Ja. Gut vorstellen konnte er sich, wie dieser Sohn über seinen Vater sprach oder der Vater über seinen Sohn. Lobeshymnen, Anerkennungsarien, Liebesoperetten würden die intonieren, wenn der Sohn vom Vater sprach, der Vater vom Sohn. Und hier? dachte Kreutz. Krampf, dachte er, nichts als Krampf. Wenn man sie beobachten würde an diesem Morgen, Kreutz-Vater und Kreutz-Sohn, würde jeder erkennen, dass hier etwas nicht stimmte. Signifikant nicht stimmte. Gar nichts stimmte. Weil noch nie etwas gestimmt hatte. Weil auch nie etwas zwischen ihnen stimmen würde. Ein klassischer Fall für die Psychologie, dachte Kreutz. Aber was sollte er machen. Es war, wie es war. Und damit ein Faktum.

Der Vater räusperte sich jetzt so laut, dass Kreutz erschrak. Schon das ist ein Grund, dachte er reflexhaft, mit dem nicht dauerhaft zu leben unter einem Dach. Diese Geräusche hasste er, wie er sonst nur Kötergekläff hasste oder Lehrergeschwätz. Kreutz spürte, wie etwas aufwallte in ihm, wie sich die Finger seiner Linken krümmen wollten zur Faust. Bleib ruhig, dachte er, und denk bloß nicht an Waffen, an ein Messer zum Beispiel, eine Axt! Los, lenk dich ab, sofort! Schau hinaus und hinüber zu diesem ostdeutschen Elternpaar mit erwachsenem Kind! Die Thüringer haben jetzt alles verstaut, gleich fahren die ab. Autotüren krachen ins Schloss, der Motor wird gestartet. Der Sohn am Lenkrad, der Vater auf dem Beifahrersitz, auf dem Rücksitz nimmt die Mutter Platz. Eine Bilderbuchfamilie, dachte Kreutz, wie man sie fast nur noch von Werbeanzeigen her kennt.

Schon wieder stieß der Vater dieses im tiefsten Rachenraum produzierte und nichts als schrecklich klingende

Geräusch aus. Sobald der Vater etwas gegessen hatte, fing das ja an: Fast im Minutentakt würde der jetzt diese röhrenden, an einen brünstigen Wasserbüffel erinnernden Geräusche ausstoßen. Manchmal ruckte dabei der Kopf vor oder leicht nach oben wie bei einer Amsel, die einen Wurm verschlingt. Im Haus hörte man das sogar durch geschlossene Türen hindurch. Das Vatergeröhre drang durch jede Decke, jede Wand. Also auf 80 bis 90 Dezibel kam der mindestens, wenn der loslegte. Einmal hatte Kreutz tatsächlich gesagt: »Mach doch nicht so einen Krach! Das ist ja schlimmer als Krieg!« Eine halbe Stunde hatte der Vater sich beherrschen können. Aber dann war das wieder losgegangen mit diesem Krach. Und Kreutz hatte sich, als er später in seiner Dachgeschosswohnung gesessen hatte, keinen anderen Rat gewusst, als sich OHROPAX in die Gehörgänge zu stopfen. Das hatte geholfen. Zu verhindern, dass er zum Messer griff oder zur Axt.

Warum er den Bericht nicht lese, fragte der Vater und sah ihn an wie der Richter den Angeklagten, der jetzt endlich das Geständnis will.

Kreutz dachte: Weil dein Problem nicht mein Problem ist. Er sagte: Den Bericht lese er später, irgendwann, aber nicht jetzt. Jetzt habe er keine Lust dazu.

Seit wann Zukunftsplanung etwas zu tun habe mit Lust, fragte der Vater. Irgendwann müsse er sich doch mal entscheiden. Man könne die Hausfrage nicht aufschieben bis zum Sankt-Nimmerleins-Tag.

Irgendwann, sagte Kreutz, werde er sich auch entscheiden.

Wenn's zu spät ist, sagte der Vater und zuckte mit dem Kopf, wie das einer so macht, der den Tremor hat.

Dass jetzt das Handy klingelte, empfand Kreutz wie eine Erlösung. Er schaute aufs Display: Sabrina. Dass die ihn zu so früher Stunde anrief, war ungewöhnlich, verhieß also nichts Gutes. Hoffentlich war dem kleinen Henri nichts passiert. Kreutz war auf das Schlimmste gefasst.

Sabrinas Stimme klang, als müsse sie gleich weinen. Oder zusammenbrechen. Sie müsse ihn sprechen, sagte sie, sie brauche seine Hilfe, seinen Rat. Es sei etwas vorgefallen. Gestern Abend. Jetzt wisse sie nicht, wie weiter, was tun.

Kreutz nutzte die Pause, die Sabrina entstehen ließ, sagte rasch und bestimmt: »Ruf mich auf Festnetz an!« Er sitze nämlich bei seinem Vater, in der Küche. Eine Minute brauche er, höchstens, dann sei er oben im Dachgeschoss, dann könne man reden miteinander, ungestört.

Zu seinem Vater sagte er, es sei etwas vorgefallen, was, wisse er noch nicht, aber Sabrina brauche offenbar seine Hilfe, also müsse er jetzt los. Und die Hausfrage kläre man ein andermal.

Stand auf, nickte kurz zum Vater hin und ging die vierzehn Treppenstufen hinauf in sein Arbeitszimmer, schloss die Tür, setzte sich auf seinen modernen Lederdrehstuhl mit Chromgestell, kippte den nach hinten, legte die Füße auf den Arbeitstisch, wartete auf Sabrinas Rückruf mit dem schnurlosen Telefon in der Hand. Und die Hausfrage sitze ich aus, dachte er. Anderes war wichtiger. Jetzt. Menschen zum Beispiel. Die ihn, Kreutz, brauchten. Und zwar als Mensch. Als Person.

2

»Vorbei!«, sagte Sabrina.

»Was?«, fragte Kreutz und sah zum Fenster hinaus und hinüber zum Wald, wo immer noch Dutzende von *Kyrill* umgeworfene Fichten auf einem Acker lagen wie erschossene Frontsoldaten.

Ihre Beziehung mit Pascal sei vorbei, sagte sie. Einfach aus und vorbei. Der habe sie zu Hause vor der Tür abgesetzt und gesagt, es sei aus. Und habe, als er ihr das gesagt habe, geweint.

»Das ist ja ein Ding!«, sagte Kreutz.

Der habe auch nicht mehr mit sich reden lassen, sagte Sabrina. Einfach nur gesagt, es sei aus.

»Und dabei geweint«, sagte Kreutz.

»Und dabei geweint«, sagte sie.

Kreutz sagte: »Der muss doch einen Grund gehabt haben.« Ein Mann könne doch nicht einfach so mir nichts, dir nichts eine Frau zum Teufel jagen – und dabei weinen. Das ergebe keinen Sinn. Für ihn.

Sie habe da so eine Vermutung, sagte sie.

»Und?«, sagte er.

»Nicht am Telefon«, sagte sie.

Er werde nicht abgehört, sagte er.

Es falle ihr nicht leicht, sagte sie, über das, was vorgefallen sei, zu reden.

»Wem fällt es schon leicht, über etwas zu reden«, sagte Kreutz, »das schwer wiegt?«

Dann hörte Kreutz zunächst nichts mehr. Nur noch Rauschen im Telefon. »Sabrina!«, rief er.

»Ja«, sagte sie schwach und ihre Stimme klang, als würde sie gleich ersticken.

Ob ihr Mercedesfahrer mit Bismarckbärtchen etwa schwul sei, fragte er.

»Quatsch!«, sagte sie.

Dann hörte er sie schluchzen am Telefon. Er komme vorbei, hörte er sich plötzlich sagen. Sabrina schluchzte immer noch. In spätestens fünf Minuten sei er da. Gut, sagte sie. Danke, sagte sie auch noch. Das aber schon mehr gehaucht als gesprochen.

Dass Sabrina ihn anrief, um ihm etwas mitzuteilen, das eigentlich nur sie selbst betraf, empfand Kreutz als Auszeichnung. Selbstverständlich, dass sie ihn einbezog in ihren ganz persönlichen Trennungsschmerz, war das ja nicht. Schließlich waren sie kein Paar mehr. Früher, ja, vor mehr als acht Jahren, da waren sie noch ein Paar gewesen. Aber jetzt? Locker befreundet war man miteinander, weiter nichts. Viel zu sagen, seit sie von Ottmar Nebel geschieden war, hatten sie sich nicht mehr. Sabrina lebte ihr Leben, Kreutz lebte seins. Sie hatte ihren Pascal, er hatte wieder seine Nutten. Wäre da nicht Sabrinas Sohn gewesen, der kleine Henri, würde Kreutz den Kontakt zu Sabrina wahrscheinlich schon längst gekappt haben. Sabrina war es ja auch immer, die sich in unregelmäßigen Abständen meldete bei ihm, telefonisch. Und ihn fragte, wie es ihm gehe, wie es jetzt, nach seiner Krankheit, laufe mit seiner Arbeit an der Bildungsfront, ob man sich nicht mal wieder treffen könne bei ihm oder ihr zu einer Tasse Kaffee oder einem Abendessen in einem italienischen Restaurant. Offenbar nahm er in Sabrinas Leben immer noch einen deutlich höheren Stellenwert ein, als Sabrina jetzt in seinem Leben einnahm. Galt er also doch noch was bei ihr! Genoss er also doch noch ihr Vertrauen! Offenbar zog sie ihn immer noch, wenn es um Privates und Intimes ging, anderen Menschen vor. Ihn, Kreutz, hatte sie gewählt und eingeweiht in ihren ganz persönlichen Schmerz, nicht ihre Brüder oder ihre

Mutter oder den oder die. Ein Schmerz, deren Tiefe und Tragweite Kreutz jedoch nicht ganz ermaß. Der Mercedesfahrer Pascal hatte Sabrina verlassen. Und? Was war so niederschmetternd daran? Dass ein Mann eine Frau verlässt oder eine Frau einen Mann, mein Gott, das kommt jeden Tag vor mindestens hunderttausendmal. Wie oft war Kreutz schon verlassen worden? Siebzehnmal. Nein, achtzehnmal! Katharina Muth kam ja neuerdings noch dazu. Er wusste die Zahl der Frauen, die ihn verlassen hatten, ganz genau. Achtzehnmal war er der Verlassene, Zurückgelassene, Weggestoßene gewesen! Na und? War für ihn deshalb die Welt zusammengestürzt? Nein. Hatte er sich tagelang heulend in Bettenkissen vergraben, nur weil die Frau, die vorher da war, plötzlich nicht mehr da war? Nein. Hatte er, wenn wieder eine weg war, je das Gefühl gehabt, gegen einen Betonbrückenpfeiler rasen zu müssen deswegen? Nein. Was hatte er gemacht? Nichts. Beziehungsweise weitergemacht, wie er immer weitergemacht hatte. Neues Spiel, neues Glück. Das war seine Einstellung gewesen, wenn er wieder mal zu hören bekam: »Kreutz, du Egoist, du kotzt mich an! Ich verlasse dich.« War man verpflichtet, wenn man sich trennt, das als persönliche Katastrophe zu empfinden?! Kreutz fand, es gab Schlimmeres. Krankheit zum Beispiel. Eine schwere Depression zum Beispiel. So etwas konnte aus der Bahn werfen! Einen Mann. Aber eine Frau, die einen verlässt?! Oder umgekehrt: ein Mann, der einen verlässt?! Peanuts, dachte Kreutz und schüttelte den Kopf. Aber Sabrina verarbeitete Trennung offenbar anders als er. Sie war ja auch eine Frau. Dazu allein erziehend. Und noch jung. 34 war sie jetzt. Dass der Mercedesfahrer mit Bismarckbärtchen sich von ihr getrennt hatte nach nicht mal ganz einem Jahr, hatte sie offenbar schwer getroffen. Also verletzt. Und diese Verletzung schmerzte. Verlangte nach Linderung. Verlangte nach Kreutz.

Ach, Sabrina, dachte er. Ihm war nicht ganz wohl bei dieser Hilfeaktion. In Gefühlsangelegenheiten war er doch eher wie ein Entwicklungsland. Ein Seelenkrüppel war er. Geworden. Wie seine Schwester fand. Was ihm fehle, sei Empathie. Also das Wesentlichste eines Menschen überhaupt. Das hatte sie, Evelinde, diagnostiziert, das warf sie ihm, Kreutz, vor, der ja ihr Bruder war und ein Mann. Kreutz hatte Evelinde nie widersprochen. Aber jetzt hatte er sich Sabrina angeboten. Jetzt musste er hin zu ihr und irgendwie da durch. Hoffentlich fiel die ihm, wenn er bei ihr war, nicht noch um den Hals und heulte ihm sein T-Shirt nass! Das fehlte ihm noch an seinem ersten Ferientag: eine zitternde und vor Trennungsschmerz zerfließende Sabrina an seiner Brust! Dieses ganze Gefühlsgescheiße war nichts für ihn. Dann lieber Dachrinnen streichen oder das Klosett reinigen mit WC-ENTE und Schwamm.

Sobald er seinen TT am Straßenrand geparkt hatte, sah er schon, dass Sabrina oben am Küchenfenster stand. Sie winkte sogar. Er winkte lässig zurück. Die Treppenstufen zu ihrer Wohnung nahm er wie ein Leichtathlet. Fünf Etagen musste er hoch, 70 Treppenstufen waren zu nehmen exakt. Und das in einem Haus, in dem vor allem Frauen lebten ohne Mann! Und diese Frauen mussten doch Sprudelkisten schleppen und vollgestopfte ALDI-Tüten, nicht selten noch mit einem Kind auf dem Arm oder wenigstens an der Hand! Und dann kein Aufzug! Etwas außer Atem kam er oben an. Auch Kreutz war schließlich keine zwanzig mehr.

Sabrina stand schon in der Tür. Bekleidet war sie mit einer Art Militäruniform. Olivgrün die Hose, olivgrün das T-Shirt, unter dem sich ihre kleinen Brüste wölbten. Barfuß stand sie. Und über allem ihr dichtes schwarzes Haar. Ein Büschel Haare knapp über ihrer Stirn ragte steil in die Luft. Offenbar war das Mode jetzt, die Haare zu sty-

len wie eine abstrakt zurechtgestutzte Ligusterhecke. Sein
erster Gedanke, als er sie sah: Sabrina sieht krank aus.
Ihre Gesichtsfarbe wachsbleich wie bei einer Wasserlei-
che. Ihre Augen wie erloschen, die Ränder wie entzündet.
Das kam ja, wie Kreutz wusste, vom Weinen um Pascal.
Ach, Sabrina, dachte er, hast es auch nicht leicht. Aber wer
hatte es schon leicht, heutzutage.
Sabrina ging voraus, Kreutz folgte ihr. Seine erste Frage,
sobald sie in ihrer Wohnstube standen: Wo Henri sei.
Kreutz hatte sich auf den Jungen gefreut. Auf sein unver-
stelltes hellhohes Lachen, seine stürmische Umarmung.
Wenigstens einer, der ihn noch umarmte, ohne dass es
wirkte wie gestellt, dachte Kreutz.
Henri sei bei ihrer Mutter, sagte Sabrina. Die backe heute
Morgen nämlich ihre Osterlämmer. Das mache die ja
immer so: am Wochenende vor Ostern werde gebacken.
Osterlämmer eben. Mindestens dreizehn Stück. Für die
ganze Familie. Plus Verwandtschaft. Und da sei Henri seit
heute früh: in der Küche ihrer Mutter, wahrscheinlich mit
weißer Backschürze um den Bauch und der elektrischen
Rührmaschine in der Hand.
Dicht nebeneinander standen sie, Kreutz und Sabrina,
im Wohnzimmer auf diesem rotweinroten Teppich und
Kreutz fragte sich, warum man sich nicht setze. Wir stehen
hier wie zwei Laienschauspieler auf der Bühne, die ihren
Text vergessen haben, dachte er. Da Sabrina nichts sagte,
vielmehr schaute, zum Wohnzimmerfenster hinaus, sagte
auch er nichts und schaute wie sie. Aber nach links. Auf
das in Chrom eingerahmte Urlaubsfoto, das auf Sabrinas
Sideboard stand. Aufgenommen im letzten Jahr, im Sommer musste das gewesen sein, Juli, August oder September. Darauf erkennbar Sabrina, Pascal, der kleine Henri.
Auf einer Bank sitzend. Im Hintergrund das Meer. Die
Nordsee. Der Himmel über ihnen mausgrau bis tinten-

blau. Dennoch alle drei in die Kamera grinsend. Zufrieden wirkende Urlaubsgesichter, glückliche, trotz heraufziehender Gewitterfront.

Sie standen noch immer. Kreutz fragte sich jetzt, was das hier sollte. Was er hier sollte. Eine Frau, die, anstatt zu reden, stumm zum Wohnzimmerfenster hinausschaut, das hatte er noch nicht erlebt. Er begriff es nicht. Sie, Sabrina, begriff er nicht. Warum sagte die nichts, ließ ihn stehen wie einen Depp?! Immerhin hatte sie doch gerufen nach ihm wie eine Ertrinkende nach dem Mann, der am Ufer steht mit dem Rettungsring in der Hand. Und dann das! Bühne, dachte er. Groteske. Diese Szene hier. Er mit dieser stummen schönen jungen Frau in diesem großen Mietwohnungswohnzimmer mit Panoramablick! Offenbar brauchte sie noch Zeit. Um den richtigen Anfang zu finden. Den ersten Satz. Hatte sie ihren ersten Satz, war sie über die Hürde. Dann würde das fließen. Aus ihr heraus. Was heraus musste. Sie mitteilen musste. Ihm.

Ihr sei nur noch zum Heulen zumute, sagte sie endlich und seufzte tief und lang.

Kreutz roch ihr Parfüm. Pfirsich, dachte er, oder Aprikose. Ihr bleibe aber auch wirklich nichts erspart, sagte sie. Ihr Leben: ein einziger Scheiß.

Kreutz schaute jetzt wie Sabrina zum großen Wohnzimmerfenster hinaus. Was es zu sehen gab: drüben das Berleburger Ostviertel, protzige Neubauten in Hanglage, von denen, wie Kreutz wusste, schon einige zwangsversteigert worden waren, dazu eine Hügelkette mit Fichten- und Buchenwald, am sattblauen Märzhimmel wenige Kumuluswolken, die aussahen wie in die Luft geschleuderte Monatsbinden. Auf Sabrinas Balkon ein Wäscheständer, darauf das, was der Kleine so trägt, Hosen, T-Shirts, Kinderschlüpfer mit Kängurustickerei, ein Schlafanzug mit Rennwagenmotiv, Socken, aber auch drei schwarze Slips und die gleiche Anzahl Büstenhalter. Ach, Sabrina, dachte er jetzt, damals, du und ich, wir beide, mein Gott, wie oft hatte sie ihren BH ausgezogen für ihn, ihren Slip, damit er …

Hör auf! Das gehört jetzt wirklich nicht hier hin!

Ja, ja, ja.

»Warum immer ich?«, sagte sie und schüttelte nur den Kopf. Da denke man, es gehe endlich wieder aufwärts, ihr Leben komme in Schwung, und was sei? Schläge erhalte sie, einen Schlag nach dem anderen, immer nur Schläge, Schläge, Schläge. Zuerst dieser Scheidungskrieg mit Ottmar Nebel, dann ihre Bandscheibenoperation, dann ihre Unterleibsoperation, dann die wühlenden Schmerzen im Rückenbereich, die auch nach der Bandscheibenoperation geblieben seien, und jetzt verliere sie auch noch ihren Pascal. Sie könne bald nicht mehr und wolle auch nicht mehr. Sabrina zitterte plötzlich wie jemand, der im Winter ohne Jacke vor der Haustür steht. Auch schien es ihm, als wolle sie gleich wieder weinen. Sollte er sie in den Arm nehmen? Würde ihr eine Berührung helfen, vielleicht seine Hand auf ihrer Schulter, ganz leicht, nur dass sie spürt, er ist ja da, für sie, hier und jetzt? Kreutz wusste es nicht. Er wusste nur: Das hier war kein Film. Nicht Hollywood. Das hier war Realität. Und die war kompliziert. Kreutz hasste Situationen wie diese. Dafür hatte er kein Programm, keinen Plan.

Nimm sie endlich in den Arm!

Nein.

Tu's!

Nein.

Idiot!

Ja.

Überidiot!

Ja.

Also, sagte er gefasst und sachlich und mit Blick auf die drei schwarzen Sabrinaslips, sie möge doch bitte endlich erzählen, was sie ihm am Telefon nicht habe erzählen wollen. Oder können. Und was er tun könne für sie, das verspreche er, das werde er tun. Aber bevor er etwas tun könne für sie, müsse er doch erst einmal wissen, was Sache sei. »Also, Sabrina, was ist los?«

Jetzt konnte sich Sabrina lösen aus ihrer merkwürdigen Starre, setzte sich auf ihre schwarze Kunstledercouch, auf der sie dann, wie üblich, mehr lag als saß. Auch Kreutz setzte sich. In den Sessel. Ihr schräg gegenüber. Schaute sie erwartungsvoll an.

Ob er Pascal überhaupt kenne, fragte sie.

Vom Sehen, sagte Kreutz. Und davon, was sie, Sabrina, ihm mitgeteilt habe an wenigen Details: Mercedesfahrer, Lehrlingsausbilder in einer Schraubenfabrik, unverheiratet, 47, etwas kleiner als Kreutz, dafür aber stämmiger, indes nicht dick, Bismarckbärtchen. »Also eigentlich«, sagte Kreutz, »kenne ich den nicht.« Und ich will den auch nicht kennen lernen, dachte er.

Dass Pascal ein leidenschaftlicher Fahrradfahrer sei, habe sie ihm also noch nicht erzählt.

Nein, sagte Kreutz.

Mit dem Mountainbike durch die Wälder, sagte sie, das sei seine Passion. Bei Wind und Wetter hinaus. Selbst abends, wenn es schon spät sei. Seit er ganz allein für die Lehrlingsausbildung zuständig sei, finde der ja keine Ruhe mehr. Jeden Tag zehn bis zwölf Stunden im Betrieb. Und auf seinem Fahrrad reagiere der sich eben ab. Und Anfang Februar sei es dann passiert. An einem Mittwoch.

Kreutz faltete die Hände in seinem Schoß, schaute, hörte zu. Was sollte er auch sonst tun.

Pascal habe ja diesen Unfall gehabt, sagte sie. Frost draußen, gefrorener Schnee, teilweise arschglatt. Aber Pascal musste ja noch mal hinaus. Abends, wie üblich, mit dem Mountainbike in den Wald. Dämmerung schon. Man sieht nichts mehr deutlich. Am wenigsten natürlich im Wald. Fährt bergab, hat ein ziemliches Tempo drauf. Rast über eine Baumwurzel. Hebt ab, fliegt wie ein Motocrossfahrer durch die Luft, kann sich aber nicht mehr fangen, stürzt hart, überschlägt sich mehrmals, bleibt benommen liegen im Schnee. Zum Glück nicht bewusstlos. Kommt also wieder zu sich nach kurzer Zeit. Der ganze Körper ein einziger Schmerz. Versucht, mit dem Handy Hilfe zu holen – aber kein Empfang. Wald eben. Also irgendwie aus dem Wald hinaus und zur nächsten Straße hin. Er kriecht mehr, als dass er geht. Das Fahrrad lässt der zurück, das ist nämlich kaputt. Ein Autofahrer sieht ihn, hält an, hievt Pascal auf den Beifahrersitz, fährt den ins Berleburger Krankenhaus. Notaufnahme. Er wird geröntgt. Diagnose: Schlüsselbeinbruch. Dazu Prellungen, Schürfwunden im Gesicht. Man verpasst ihm einen Rucksackverband, pappt ihm Pflaster ins Gesicht. Krankschreibung vier Wochen.

Kreutz bemerkte ihren ins Leere gerichteten Blick.

Warum sie nicht weiterrede, fragte Kreutz. Prellungen, Schürfwunden, Schlüsselbeinbruch, sagte er, mein Gott, das sei zwar schlimm, aber noch lange kein Grund, jemanden zu verlassen von jetzt auf gleich.

Sie wisse nicht, wie sie das, was sie sagen wolle, sagen solle, sagte sie und schaute weiter vor sich hin.

»Dann sag's«, sagte er, »wie's ist.«

»Pascals Glied ist kaputt«, sagte sie. »Seit diesem Unfall steht es nicht mehr.«

Jetzt war Kreutz aber doch überrascht. Dass Sabrina ein Wort wie *Glied* gebrauchte, war ihm neu. So etwas hatte er von seiner Sabrina in all den fünfzehn Jahren, die er sie jetzt kannte, noch nie gehört. Er hatte immer gemeint, für sie seien Bezeichnungen oder Begriffe, die dem Wörtergewächshaus der Sexualität entstammten, tabu. Oder obszön. Schmutzig. Mit Schmutz belegt. Jedenfalls für sie nicht zu benutzen. Sie hatten oft miteinander geschlafen, damals, aber nie hatte er in all den gemeinsamen Jahren Sätze von ihr gehört wie: *Dein Glied in meiner Scheide tut mir gut.* Oder: *Es tut mir weh, wenn du mich von hinten fickst.* Oder: *Bevor du mit deinem Schwanz in mich eindringst, massier noch ein bisschen meine Klitoris.* Und jetzt sagte die auf einmal: *Pascals Glied ist kaputt.* Kreutz dachte: Mit der Erfahrung wächst automatisch der Wortschatz, den man braucht, um diese Erfahrung auszudrücken. Sabrina hatte also eine neue Erfahrung gemacht. Mit ihrem Pascal. Und diese neue Erfahrung verlangte eine neue Sprache. Sabrina hatte offenbar diese neue Sprache gelernt.

Mit der Schulter sei der auf den Boden gestürzt, sagte sie, und dann mit dem Becken auf einen Stein, der ausgerechnet da habe liegen müssen, wo es ihn hingeworfen habe. Seitdem habe der ständig diese Schmerzen da unten.

»Im Genitalbereich«, sagte Kreutz.

»Im Genitalbereich«, sagte Sabrina und nickte. Das Wasserlassen indes funktioniere tadellos. Also am Harnleiter liege es nicht. Aber sein Glied erigiere nicht mehr. Hänge schlapp und kraftlos wie bei einem kleinen Kind. Sie habe vorgeschlagen: sofort zum Urologen. Sie mit ihm also da hin. Wieder wird Pascal geröntgt. Der Arzt stellt fest: Die Schwellkörperarterien sind verletzt. Wie es mit den Nervensträngen aussehe, habe der Arzt nicht feststellen können. So exakt sei sein Röntgengerät nicht. Jedenfalls: Sind die Schwellkörper verletzt, füllen die sich nicht mehr mit Blut. Und ohne Blutzufuhr kein Blutstau und also keine ausreichend harte Erektion.

Kreutz konnte sich nur noch wundern. Sabrina, Sabrina, dachte er. Wie selbstverständlich die plötzlich diese Wörter gebrauchte, um auszudrücken, was ist! Unglaublich!

Und seitdem Pascal wisse, was Sache sei mit ihm, sagte sie, recherchiere der nur noch im Internet. Es gebe da ja so Möglichkeiten: Penisprothesen, Schwellkörperimplantate und so fort. Sogar Implantate mit Pumpe, die man im Skrotum anbringe, seien auf dem Markt. Das wisse sie, weil sie auf Pascals Schreibtisch diese Ausdrucke gefunden habe. Er, Pascal, denke, wie sie vermute, offenbar an eine Operation. Ganz ungefährlich, wie sie in den Texten gelesen habe, sei ein solcher Totaleingriff ja nicht. Es könne zu Komplikationen kommen, durchaus. Und ob das Glied nach einer solchen Operation tatsächlich wieder stehe wie zuvor, sei ungewiss.

»Und du meinst …«, sagte Kreutz.

»Ja«, sagte sie, sie sei sich ziemlich sicher, dass das der eigentliche Grund für die Trennung sei. Pascal habe sich ja verändert seitdem, dass das nur noch erschreckend sei. Geradezu dramatisch verändert habe der sich. Vorher ein lieber, einfühlsamer, zärtlicher Mann. Seitdem der aber wisse, was Sache sei mit ihm, sei der nur noch aggressiv, brülle herum. Oder ziehe sich zurück. Von ihr, von Henri auch. Sei nicht mehr ansprechbar. Wolle auch nicht angesprochen werden. Sitze dann einfach nur da wie betäubt. Wenn sie, zum Beispiel, neben ihm sitze, ihn behutsam streichle am Arm, um ihn herauszuholen aus seinem Schmerz, dann schlage er ihr die Hand weg wie ein lästiges Insekt.

Jetzt musste Sabrina doch noch weinen. Auch das noch, dachte Kreutz. Und schaute, weil er weinende Frauen unerträglich fand, rasch weg von ihr und wieder zum Wohnzimmerfenster hinaus und zum Himmel hinauf, wo er jetzt ein Passagierflugzeug entdeckte, das einen Kondensstreifen hinter sich herzog wie eine unendliche weiße Nabelschnur.

Letzte Woche zum Beispiel, sagte Sabrina, sei sie abends bei ihm gewesen, man habe zu Abend gegessen, alles ganz normal, dann habe sie, wie sie es immer macht, geduscht, sich später ihren Bademantel angezogen, darunter, auch das nicht ungewöhnlich, nichts als ihre nackte Haut, so zu ihm hin und habe sich zu ihm setzen wollen auf die Couch. Nur so. Pascal aber habe sie nur angesehen mit einem ganz sonderbaren Blick, sei dann plötzlich aufgestanden und aus der Wohnung gerannt, als ob es brennt. Einfach auf und davon. Und sagt kein Wort. Und am nächsten Morgen findet sie den auf der Couch, schlafend, aber bekleidet mit Hose und Hemd. Auf dem Tischchen entdeckt sie drei Flaschen Bier, leer, dazu eine Packung Schlaftabletten. Sie natürlich sofort in Panik. Aber dann die Erleichterung: die Packung ist unberührt, keine einzige Tablette fehlt.

Sabrina schüttelte den Kopf, schluchzte, schnäuzte sich wieder ins Taschentuch.

Sie verstehe den einfach nicht mehr, sagte sie. Seitdem das passiert sei, habe sie das Gefühl, sie lebe nicht mehr mit Pascal, sondern nur noch neben dem her. Und dabei wolle sie ihm doch nur helfen. Aber was mache der? Weise sie zurück. Nein, der stoße sie einfach weg. Wie etwas, das man nicht mehr braucht. Und dabei sei es ihr doch relativ egal, ob sein Glied jetzt stehe oder nicht. Sie sei doch nicht zusammen mit dem wegen seines Glieds! Um ihn gehe es ihr! Nur um ihn! Um ihn als Person. Pascal tue ihr nämlich gut, wie ihr noch nie ein Mensch gutgetan habe. Nach dem, was sie mit Ottmar habe erleben müssen, sei Pascal für sie wie eine Verheißung gewesen. Endlich wieder leben, habe sie gedacht. Aufleben. Erleben. Das Leben nämlich und nichts als das Leben selbst. Mit Pascal. Durch Pascal. Und jetzt? Alles aus. Sie komme einfach nicht mehr an den ran. Der mache dicht wie ein Bunker, wenn die Bomber kommen. Ein vollkommen anderer Mensch sei der geworden, seit der Befund vorliege: erektile Dysfunktion.

Kreutz hätte am liebsten die ganze Zeit genickt. Wenn er überhaupt einen Menschen verstehen konnte, dann diesen Pascal.

»Und?«, fragte sie und schaute ihn an wie der Grenadier den General, wenn die entscheidende Schlacht auf der Kippe steht.

»Nachvollziehbar«, sagte Kreutz.

»Was?«, fragte sie.

»Alles«, sagte er. Also, sagte er, das Bild des Mannes, wie Kreutz das sehe, definiere sich über Funktion. Ein Mann habe zu funktionieren. Das sei die Basis, das alles entscheidende Fundament. So werde ein Mann erzogen, so lebe der sein Leben. Immer nach dem Grundsatz: Funktion. Im Job, im Bett und überhaupt. Funktioniere ein Mann so, wie er funktionieren solle, sei alles klar. Das Leben des Mannes sinnvoll. Beziehungsweise die Entsprechung des Bildes, das er von sich habe.

Sabrina schaute ihn an.

Ein Mann, sagte Kreutz, der nicht funktioniere, wie er zu funktionieren habe, habe versagt. Als Mann. Alles könne ein Mann verkraften, Tod der Eltern, Selbstmord eines Freundes, einen Steckschuss im Bein – nur nicht die Vorstellung, versagt zu haben als Mann. Zum Beispiel bei einer Frau: Sie will ihn, er will sie, dann steht das Glied nicht, wie es stehen soll – die Katastrophe ist perfekt. Für den Mann. Dysfunktionen sind wie Erdbeben im Leben eines Mannes. Von dem Bild, das der Mann von sich hat, bleibt nach dieser schwersten Erschütterung nichts. Ergo: Pascal sei kaputt. Jetzt. Nicht nur sein Glied. Der ganze Mensch Pascal sei kaputt. Nur noch Ruine, Wrack, Fragment. Weil der nicht mehr der sei, der er vorher war: Liebhaber, Frauenbefriediger, ganzer Kerl. Potent eben. Eine wesentliche Funktion des Mannes, Fortpflanzungsfähigkeit, zerstört. Vielleicht irreparabel. Und davon müsse sie, Sabrina, zunächst einmal ausgehen: dass sie einen vollständig Zerstörten vor sich habe, einen Mann, der dem Bild, dem er entsprechen wolle, nicht mehr entspricht. Und das fresse. Wie Säure. Zerfresse alles. Die ganze Person.

Sabrina sagte nichts, schaute ihn an, wie ihn immer die Kinder im Unterricht anschauten, wenn er ihnen etwas erzählte von Auschwitz, Selektion, Zyklon B.

Was jetzt stattfinde in Pascal, sagte Kreutz, sei wie totaler Krieg. Geführt nicht gegen einen Gegner, den es zu besiegen gilt, sondern ausschließlich gegen sich selbst. Auch wenn es für sie, Sabrina, paradox klinge, aber Tatsache sei: Er selbst, Pascal, sei der eigentliche Gegner in diesem totalen Krieg. Dieser Krieg kenne auch keine Unterbrechung, kein Verschnaufen in der Etappe. Der werde geführt, erbarmungslos, vierundzwanzig Stunden am Tag. Man wacht auf – Krieg. Man schleppt sich durch den Tag – Krieg. Abends ins Bett – Krieg. Man schläft oder träumt – vom Krieg. Immer nur: totaler Krieg. Krieg gegen sich selbst. Bündnispartner wie sie, Sabrina, seien zwar wichtig, aber nicht kriegsentscheidend zunächst. Entscheidend sei zunächst, was in Pascals Kopf passiere. Also: Mit welcher Strategie führt der den Krieg gegen sich selbst? Zwei Optionen, wie er, Kreutz, das sehe, seien denkbar: Halte Pascal fest an seinem alten Bild, sei es irgendwann mit dem vorbei. Gelinge es ihm aber, sich neu zu entwerfen als Mann, sei wieder alles möglich, das Leben danach wie eine Renaissance.

Kreutz schaute Sabrina an, Sabrina schaute Kreutz an.

»Liebst du deinen Pascal?«, fragte Kreutz.

»Ja«, sagte sie.

»Du würdest alles tun für den und noch mehr?«

»Ja.«

»Dein Leben wäre ärmer, wenn es Pascal nicht mehr gäbe für dich?«

»Ja.«

»Dann kämpf um den«, sagte Kreutz, »wie du noch nie um einen Menschen gekämpft hast!«

»Aber wie«, fragte sie, »wenn der, der gehalten werden soll, immer nur flieht?«

»Sei da für den«, sagte Kreutz, »sonst nichts. Nur da sein. Ihm signalisieren durch Dasein: Schau her, egal was ist, wie schlimm es vielleicht auch kommt: Ich gebe dich nicht auf. Und vor allem: den nicht drängen. Nicht bedrängen. Kommen lassen, abwarten, auch wenn's schwer fällt. Der wird reden. Irgendwann. Wenn der reden will. Dann zuhören. Sonst nichts. Bloß nicht sagen: Mach dies, lass das. Und: kein Mitleid! Nichts von alledem. Nur da sein. Und zuhören. Meinung äußern dann, wenn sie gewünscht wird. Und sie wird gewünscht werden. Irgendwann. Sofern der reden will.«

Und wenn Pascal sie wieder zurückweise, fragte sie.

Müsse sie das akzeptieren, sagte er. »Ein Gesetz, das besagt, dass man sich helfen lassen muss, gibt es nicht.«

Dann wolle sie hin zu ihm, sagte sie, jetzt. Und stand auf und zog sich Schuhe an und eine olivgrüne Kapuzenjacke. Ob er sie zu Pascal fahren könne, fragte sie. Noch immer stehe ihr GOLF in der Werkstatt, seit fünf Tagen schon, irgendwas mit der Elektrik und man finde den Fehler nicht.

Auch Kreutz stand jetzt auf, nickte, sagte, wenn es das Einzige sei, das sie, Sabrina, von ihm verlange, bitte, kein Problem, er fahre sie, wohin sie wolle.

Zum Glück habe sie ja noch Pascals Wohnungsschlüssel, sagte sie. Sie hoffe nur, sie komme nicht zu spät. Sabrina hatte es plötzlich sehr eilig. Komm! rief sie und schon rannte sie aus der Wohnung und er hinter ihr her und die 70 Treppenstufen hinunter und dann mit seinem TT quer durch die Stadt und an der Berufsschule vorbei und oben an der Kreuzung links in den Espeweg rein, wo Pascals Mietwohnung lag. In der Hofeinfahrt parkte, ordentlich abgestellt, ein silberner 190 E. Also war Pascal offenbar da. Die Frage war jetzt nur: Lebte der noch oder war der bereits tot.

Kreutz vereinbarte mit Sabrina ein Zeichen: War alles klar da drin, Daumen nach oben. Wenn nicht, nun, dann musste man wohl die Polizei informieren und den Rettungsdienst und alles andere würde sich zeigen.

Kreutz wartete in seinem TT, während Sabrina Pascals Wohnung betrat. Drei Minuten musste Kreutz warten. Dann endlich das Zeichen: Daumen nach oben. Sabrina nickte, lächelte sogar. Na also. Kreutz atmete auf. Es wird eine Lösung geben, dachte er. Sabrina würde das schon machen, irgendwie, Sabrina Nebel, die eine geborene Engel war. Kreutz konnte fahren. Was jetzt da drinnen in dieser Wohnung passierte, ging ihn nichts mehr an.

3

Sie hatte ihre Gabel fast zum Mund geführt, ihre wulstigen Lippen waren leicht geöffnet, ihr großer, grellrot geschminkter Mund war bereit, das Kuchenstück lustvoll zu empfangen. Es fehlten tatsächlich nur noch Millimeter, als es passierte: Das Kuchenstück samt Schlagsahne stürzte von der Gabel auf ihre rote Bluse, purzelte zwischen ihren Brüsten abwärts auf den schwarzen Rock, konnte sich aber auch dort nicht halten und rollte über den Rocksaum hinweg, um zwischen ihren Schenkeln hinabzutrudeln auf den Kaffeehausboden. Kreutz dachte nur: Warum passierte der das ausgerechnet jetzt? Warum konnte die ihren Kuchen nicht essen wie jedermann? Warum immer und überall diese Zeichen?! Kreutz begriff es nicht. Das hatte doch schon was von Absicht, von geheimem Plan! Er hatte das Gefühl, alles das finde nur seinetwegen statt. Jetzt musste er also wieder da hinglotzen zu dieser Geschminkten wie der Museumsbesucher aufs Mona-Lisa-Bild. Genau in ihrem tiefen Brüstetal hatte die Schlagsahne eine schmierige Spur hinterlassen. Wie das aussah! Was das wieder für Vorstellungen auslöste in ihm! Wünsche! Fantasien! Und das am frühen Samstagmorgen!

Die Bedienung war natürlich sofort, als die Geschminkte sirenenhaft schrill NEEEIIIN, AUCH DAS NOCH! ausgerufen hatte, herbeigesprungen mit Serviette und Tuch. Gemeinsam versuchte man, die Sauerei zu entfernen. Was nicht gelang, wie Kreutz mit Genugtuung feststellte. »Kaltes Wasser«, hörte er die Bedienung sagen, »das hilft.« »Hoffentlich«, sagte die Geschminkte im Ton einer Gereizten, stand auf, verschwand in die Richtung, in der offenbar die Damentoilette lag. Kreutz konnte sich gut vorstellen, wie die gleich da unten am Waschbecken vor dem Spiegel stand und laut vor sich hinfluchend an ihren schweren Brüsten rieb.

Die Bilder, die die ausgelöst hatte, waren natürlich nicht mehr zu stoppen. Die arbeiteten. Jetzt. In Ihm. Drängten sich auf wie Sorgen, wenn das Geld knapp wird. Besetzten Bewusstsein, als dürften sie das. Besetzten ihn. Wollten ihm was mitteilen. Mussten ihm was mitteilen. Was Geschlechtliches natürlich. Sollte er eine anrufen von denen? In seinem Portemonnaie trug er ja diese Liste mit Telefonnummern herum, unter denen Frauen zu erreichen waren, die es einem Mann machten für Geld. Leider hatte er vor ein paar Monaten Natalies und Ludmillas Nummer streichen müssen. Die eine tot, die andere jetzt verheiratet. Dass sich Natalie ausgerechnet vor einen Güterzug hatte werfen müssen! 22 Jahre alt, langes blondes Haar, Brüste wie ein Hunsrücker Hügelpaar, und lässt sich zermatschen von einer sechsachsigen Elektrolok. Nördlich von Weidenau muss das passiert sein, wie Kreutz erfahren hatte, auf freier Strecke habe der Zug Natalie erfasst, da haben die Güterzüge, die aus Hagen kommen, noch richtig Tempo drauf. Und alles nur, weil Natalie, wie man sich erzählte, nicht mehr konnte. Oder nicht mehr wollte – Analverkehr, Tittenfick und immer irgendwelche Penisse in ihrem lieblichen zierlichen Mund. Ach, Natalie, dachte Kreutz. Bei ihr hatte er sich schon wohl gefühlt, sich oft und gern entsamt über ihrem mächtigen Brüstepaar. Und Ludmilla, dieses polnische Ding – verheiratet! Mit einem, der Beamter war beim Katasteramt, 73 ist, im Rollstuhl sitzt, Schlaganfall, seitdem gefüttert werden muss wie ein kleines Kind. Dem führt Ludmilla angeblich den Haushalt, wärmt ihm Dosensuppen auf, bringt ihm, weil der keine Tasse und kein Glas mehr halten kann, Kamillentee in der Schnabeltasse ans Bett. Kreutz konnte nur staunen, zu was der Mensch doch fähig war. Aber auch: was möglich war. Was aber aus ihm, Kreutz, wurde, wenn die so etwas taten, das bedachten die nicht. Dass Natalie und Ludmilla als Prostituierte nicht mehr im Einsatz waren, war fatal. Für Männer wie ihn, Kreutz. Jetzt musste er wieder suchen und Suchen war anstrengend. Was wusste er denn, an was für eine er geriet, wenn er die nahm oder die?! Aber nötig hatte er schon eine. Zehn Tage war das jetzt schon wieder her, dass er bei so einer gewesen war. Das letzte Mal hatte er eine in Kassel gehabt. Eine von der Straße hatte er sich genommen. Eine Blonde aus Tallinn mit geflochtenem Zopf und geröteter Narbe quer über den Bauch. Die an der Straße standen, kosteten nicht so viel. Seitdem Kreutz weniger Geld verdiente, konnte er sich die, die feiner residierten, kaum noch leisten. Also blieben ihm nur noch die, die man in bestimmten Bezirken an den Straßen stehend fand. Oder ihre Dienstleistungen anboten in einem Wohnmobil weit draußen vor der Stadt.

Nuttenfetischist!

Ja.

Sau!

Ja.

Schäm dich!

Ja. Nein.

Los, ruf Katharina Muth an! Die will dich bestimmt und kostet nichts!

Katharina ist Geschichte.

Dann denk ans Geld!

Scheiß aufs Geld.

Dann lies die Zeitung, die vor dir liegt, Sau!

Ja, ja, ja …

Kreutz schob die Zeitung, die SÜDDEUTSCHE, auf seinem Tischchen hin und her. Das fehlte noch, dachte er, dass er aus diesem Berleburger Kaffeehaus seine Nuttentermine arrangierte. Aber wie sollte er jetzt wegkommen von diesen Bildern, die die Geschminkte mobilisiert hatte in ihm wie eine anrückende Panzerarmee?! Zeichen ignorieren – leichter gesagt als getan. Das verlangte Charakter, Stärke, Willenskraft. Hatte er das überhaupt noch? Hat, wer Studienrat war und zu Nutten ging, überhaupt noch Charakter, Stärke, Willenskraft?! Er wusste es nicht. Was er wusste: dass er wollte. Eine, die es einem machte für Geld. Also eine anrufen, die auf seiner Liste stand. Dann runter nach Siegen, in diese hässliche Stadt, hin zu der, man macht's so oder so, abspritzen, fertig. Das war das Programm, das ihn steuerte, nachdem Sabrina ihn nicht mehr gewollt hatte als Mann. Kreutz hielt die Telefonliste in der Hand, las Namen, Miranda, Babette, Jolie, Chantal, rief dann aber doch keine an. 24. März, dachte er, der Monat war noch nicht zu Ende, das Geld wurde langsam knapp. 70 Euro hatte er noch in seinem Portemonnaie, dazu 137 Euro auf der Bank. Zu wenig also, um ein Leben zu führen wie einer, dem die Welt gehört. Die Zeiten, als er mal eben so 200 Euro verpulvern konnte für einen Tittenfick, waren seit Jahresbeginn vorbei. Seitdem ihn die Schulbehörde als nur noch *eingeschränkt dienstfähig* eingestuft hatte, musste er auskommen mit deutlich weniger Gehalt. Das war eine der spürbarsten Konsequenzen seiner Krankheit gewesen, deren Diagnose lautete: rezidivierende Depression. Die hatte er ja jetzt einigermaßen im Griff. Seit Jahresbeginn stand er als Lehrer auch wieder an der Front, unterrichtete Kinder, junge Menschen in Deutsch, Geschichte, Politik. Aber die Behörde war in seinem Fall auf Nummer sicher gegangen: halbe Stundenzahl, und das für mindestens ein Jahr. *Eingeschränkt dienstfähig* eben. Falls Kreutz wieder ausfallen sollte für längere Zeit, kostete das Niedersachsen nicht so viel Geld. Statt 3000 Euro wie früher, als er noch funktionierte wie jedermann, jetzt also nur noch netto 1700, knapp. Auch er musste wieder haushalten wie einer, der drei Kinder hat. Berlin, dachte er jetzt, nächste Woche. In Berlin, wenn er seine Schwester besuchte, würde er sich mal wieder eine gönnen von denen. Dann war man schon im April, dann war sein Konto auch wieder gefüllt. Und bis dahin würde er eben Charakter zeigen, Stärke, Willenskraft.

Kreutz steckte die Telefonliste ins Portemonnaie zurück, griff sich die Zeitung, die auf seinem Tischchen lag, die SÜDDEUTSCHE, überflog Schlagzeilen, sah sich die Bilder an, die man abgedruckt hatte aus Bagdad, Kabul, Gaza-Stadt. Bombentrichter, Männer in Kampfanzügen und mit schussbereitem MG, neben einem Panzerwagen liegen Leichenteile in einer Pfütze aus Schlamm. Noch immer wurde also viel geschossen in der Welt. Darfur, Colombo, Islamabad. Viele Länder, viele Orte. Tote. Er sah sich die Fotos an, ohne zu erschauern. Solange die nicht ganze Straßenzüge sprengten in seiner Heimatstadt, gingen ihn die Toten der Welt nichts an. Schließlich war es nicht seine Schuld, wenn der auf den schoss oder der auf den.

Viel interessanter als die Toten der Welt war da schon die Geschminkte, die jetzt wieder zurückkehrte vom Damen-klo. Kreutz sah sofort von der SÜDDEUTSCHEN auf und prüfte ihre Brust: Die Sauerei war weg. Kaltes Wasser also, dachte er, das half. Das musste er sich merken. Das war praktisches Wissen, also sinnvolles Wissen.

Das Handy surrte. Sabrina? Sabrina. Ob sie ihn störe bei irgendwas, fragte sie. Nein, sagte Kreutz. Sie wollte ihm nur rasch mitteilen, dass sie und Pascal miteinander gesprochen hätten. Schön, sagte Kreutz. Kreutz habe Recht gehabt, sagte sie. Wie immer, dachte er. Pascal kämpfe, sagte sie. Mit sich. Gegen sich. Genau, wie Kreutz es geschildert habe. Es sei nicht leicht für Pascal. Die alles dominierende Frage jetzt: Penisoperation ja oder nein.

Ein Termin in einer Spezialklinik in Leipzig sei bereits gemacht. Aufklärung sei jetzt wichtig, damit man wisse, woran man sei, wenn der Chirurg das Messer setzt. In zwei Wochen gehe es bereits los. Ab nach Leipzig. Gespräch mit einem Professor, der eine Koryphäe sei auf diesem Gebiet. Und wenn Pascal fahre, fahre sie mit. Um da zu sein für ihn, wie Kreutz es ihr geraten habe. Sie sei ja so froh, sagte sie, dass Pascal überhaupt wieder rede mit ihr. Das sei ja das Schlimmste überhaupt: Wenn man zusammen sei mit einem, dem man helfen wolle, und der, dem man helfen wolle, schweige vor sich hin wie ein Stein.

»Du wirst den retten«, sagte Kreutz. Wenn jemand den Namen Engel tragen dürfe, dann sie, Sabrina.

»Abwarten«, sagte sie.

Plötzlich eine Fliege vor ihm auf dem Kaffeehaustisch. Das wollte Kreutz jetzt aber doch wissen, ob er das noch schaffte. Die Hand weit ausschwingen lassen, dass die Fliege die Gefahr nicht bemerkt, dann ganz vorsichtig ansetzen, die Hand rechts neben der Fliege platzieren wie eine Mauer, die unverrückbar ist, Distanz zur Fliege 20 Zentimeter, dann warten, bis sich die Fliege beruhigt, sich die Flügel putzt, dann die Hand nach links schießen lassen, wie wenn sie abgeschossen wird von einem Katapult, Finger zur Faust ballen, das war's. Hatte er sie? Er hielt sich die Rechte ans Ohr. Er hörte es summen. Also hatte er sie. Toll. Er drückte einmal kräftig zu, öffnete die Faust, die Fliege war nur noch ein Matsch.

Ob er noch dran sei, fragte Sabrina.

Ja, sagte Kreutz und besah sich den Fliegenbrei in seiner Hand.

Ob sie ihn noch um einen Gefallen bitten dürfe, sagte sie.

Nicht schon wieder, dachte Kreutz und streifte das tote Insekt an der SÜDDEUTSCHEN ab. Er sagte: »Wenn du verlangst, dass ich mit deinem Pascal rede …«

Um Pascal gehe es nicht, unterbrach sie ihn.

Sondern, fragte er.

Um Ottmar, sagte sie.

Um Ottmar? fragte er.

Ob er, Kreutz, denn nicht wisse, dass Ottmar arbeitslos sei.

Nein, sagte Kreutz, der rufe ja nicht mehr an.

Seit einem Monat schon, sagte sie.

Ach, sagte Kreutz.

Sie, Sabrina, habe zunehmend den Eindruck, der verkrafte das nicht. Frage sie Henri, wie es bei Papa gewesen sei, verziehe der sein Gesicht wie im Schmerz, sage: Der Papa stinkt immer so nach Bier. Henri wolle schon gar nicht mehr hin zu dem. Ottmar deswegen zur Rede zu stellen, schaffe sie nicht. Sie habe es mehrfach versucht, aber der lasse sie ja in seine Wohnung nicht mehr hinein. Und rufe sie den an, brülle der nur, Leck mich am Arsch! und lege sofort wieder auf.

Kreutz dachte: Was geht mich das alles an. Er sagte: Wenn ihr das wichtig sei, gut, er könne ja mal vorbeischauen bei dem.

»Das ist lieb von dir«, sagte Sabrina.

»Finde ich auch«, sagte Kreutz.

Jetzt müsse sie aber auflegen, sagte sie. Pascal komme gerade aus dem Garten zurück und sie wolle nicht, dass der glaube, sie, Sabrina, rede über ihn mit dem oder dem. Sobald es etwas Neues gebe, sagte sie, melde sie sich wieder bei Kreutz. Sofern sie dürfe.

Dürfe sie, sagte Kreutz.

Und er melde sich bitte bei ihr, sobald er wisse, was mit Ottmar sei, sagte sie.

Ja, sagte Kreutz.

Also, sagte sie, bis dann.

Bis dann, sagte Kreutz und wartete, bis Sabrina das Gespräch beendet hatte. Ach, Sabrina, dachte er. Musste jetzt zusammen sein mit einem, dem das Glied nicht mehr stand. Dem das Glied vielleicht nie mehr stand. Penis mit Pumpe, die man im Skrotum implantiert. Was es nicht alles so gab. Was sich die Medizintechnik nicht alles so einfallen lässt, nur damit der Mann wieder funktioniert, wie er gemäß Schöpfungsplan zu funktionieren hat. Aber vielleicht funktionierte Pascal in dieser Hinsicht nie mehr. Nie mehr Erektion, nie mehr Erguss. Eine Garantie auf Erektion gaben die Ärzte offenbar nicht. So jedenfalls hatte er Sabrina verstanden. Also würde Sabrina womöglich mit einem zusammen leben müssen, dem das Ding nie mehr stand. Arme Sabrina. Sie war doch erst 34. In einem solchen Alter war doch noch nicht alles vorbei. In einem solchen Alter verspürte doch auch eine Frau noch Lust. Kreutz konnte sich nicht vorstellen, dass Sabrina bei dem blieb, nur weil der ein lieber Kerl war. Was wollte eine Frau mit einem lieben Kerl, wenn dem das Ding nicht mehr stand?! Das war doch wider die Natur! Vielleicht sollte er Sabrina bei nächster Gelegenheit einmal darauf ansprechen, und zwar ganz unverbindlich, ob sie nicht mit ihm …

Hör auf, du Sau!

Aber sie ist doch allein erziehend.

Sau!

Und braucht Geld für sich und den Jungen.

Sau!

Und hat doch auch so Bedürfnisse.

Sau!

Und fremd bin ich ihr auch nicht.

Sau!

Am Nebentischchen wurden plötzlich Stühle gerückt. Zwei Alte mit Bilderbuchdauerwelle, Dörflerinnen offenbar, setzten sich so, dass er die Geschminkte nicht mehr sah. Die eine Alte schwätzte im Stehen, schwätzte, als sie sich setzte, sitzend schwätzte die weiter. Ignorieren konnte er das Geschwätz der Alten nicht; er saß zu nah dran. Was Kreutz von der Alten erfuhr: Schmidts Willi sei tot. Erschlagen. Vorgestern Abend. Von seinem eigenen Sohn. Hinterrücks. Mit der Spitzhacke in den Kopf. Ein Hieb, dann aus. Das wisse sie von Balds Werner, der ja aus Diedenshausen sei und Kommissar in Siegen bei der Kriminalpolizei. Bis in den Abend hinein, so Balds Werner, so die Alte vom Tischchen von nebenan, habe der Willi noch seine Hofeinfahrt gepflastert. Hockt also am Boden, verfugt Steine, klopft mit dem Gummihämmerchen, dass auch alles hübsch passt. Hockt da mit dem Rücken zum Sohn. Der kommt an, findet die Spitzhacke, die an einem Geländer lehnt, greift zu, Gott weiß, warum, dann der Hieb, Willis Schädel splittert, Blut spritzt, der Willi kippt um, liegt auf dem Bauch, zuckt noch ein bisschen, dann vorbei. Den toten Vater hievt der Leopold auf eine Schubkarre, deckt den Vater mit einer Plastikplane ab, Schüppe und Spitzhacke legt der obendrauf. Schiebt seine sonderbare Fracht durchs Dorf. Unbemerkt. Der Friedhof ist sein Ziel, der kleine Dorffriedhof hügelan. Da gräbt der Leopold seinem Vater das Grab. Wird aber von Webers Heinrich entdeckt. Der ja Förster ist. Und wie üblich an diesem Abend unterwegs zu seinem Revier. Der hört also merkwürdige Geräusche, bleibt stehen, schaut über die Friedhofshecke, erkennt eine Gestalt, die wie eine Maschine hackt und gräbt und schüppt. Webers Heinrich noch ein bisschen näher ran. Und erkennt: den Leopold, wie er seinem Vater gräbt das Grab. Die Schubkarre schimmert im Dämmerlicht. Ein Paar Beine plus Stiefel hängen schlaff über den Schubkarrenrand. Webers Heinrich weiß sofort: ein Mord. Und ruft die Polizei. Zum Glück hat er da oben mit dem Handy Empfang. Dann wartet Webers Heinrich einfach ab. Und schaut zu. Aus sicherer Distanz. Dem

43

Leopold, der seinen Vater hineinwirft ins ausgehobene Grab. Dabei immerzu lacht. Wie irr. Also nicht ganz bei Verstand. Das ist der Eindruck, den Webers Heinrich vom Leopold hat. Sagt Balds Werner, der ja in Siegen bei der Kripo ist. Warum der Leopold das getan habe, wisse man noch nicht. Der Leopold, so Balds Werner, so die Alte vom Tischchen von nebenan, schweigt.

Endlich kam die Bedienung herbei, die Alten bestellten, Kreutz wünschte, sobald die Alten bestellt hatten, zu zahlen. Er hatte genug gesehen, genug gehört. Er musste hier raus. Und zwar sofort. Er drückte der Bedienung rasch einen Geldschein in die Hand, wartete nicht aufs Wechselgeld, sagte nur, stimmt so, stand auf, nickte kurz, war weg. Sobald er in seinem TT saß, musste er rauchen. Sein erster Gedanke: Dieses Zeichen geht dich nichts an. Dass jemand jemanden umbrachte, kam alle Tage vor. Siehe Bagdad, Kabul, Gaza-Stadt. Also war die Geschichte der Alten nicht für ihn bestimmt. Und überhaupt: Streit kam doch in den besten Familien vor. Selbst auf dem Dorf war das Leben nicht wie im Paradies. Und dass sich Väter und Söhne hassen konnten bis aufs Blut, mein Gott, nichts Neues, die Menschheitsgeschichte war doch voll davon! Nein, diese Willi-Leopold-Geschichte sagte ihm nichts. Enthielt keine Botschaft für ihn. Durfte keine Botschaft für ihn enthalten. Vielmehr: Er durfte sich nicht eingestehen, dass sie eine Botschaft für ihn enthalten könnte. Also ruhig werden. Und rauchen. Rauchen tut gut. Jetzt. Lenkt ab. Dich. Von dem, was möglich wäre. Aber nicht möglich sein darf. Und so schlimm, dass du meinst, tun zu müssen, was nicht sein darf, ist es nun auch wieder nicht. Ignoranz ist kein Motiv für einen Vatermord! Dass du aber auch immer, was du hörst oder liest oder siehst, sofort auf dich beziehen musst! Auf deine Situation! Die zwar beschissen ist, in dieser Hinsicht, aber einen Plot à la Hollywood liefert sie nicht. So, und jetzt schau! Die Natur! Ist das denn nichts?! Es ist März, Cornelius, Frühling! Jetzt fängt das Leben erst so richtig an! Wie da draußen schon alles grünt und knospt und sprießt! Und da, schau, zwei Zitronenfalter, die sich jagen im Zickzackkurs, weil sie vor Liebe betrunken sind! Und horch, hoch oben im Ahornbaumgeäst ein Amselmann, der singt, als müsse alle Welt hören, dass es ihn gibt! Und, Cornelius, ist das Leben nicht schön?!

Ja.

Alles ist gut?

Ja.

Du hast dich wieder im Griff?

Ja.

Du weißt: Du bist nicht dieser Leopold. Du handelst nicht im Affekt. Also hat dieser Mord mit deinem Leben nichts zu tun. Der hat mit deinem Leben genauso wenig zu tun wie das, was in Bagdad passiert, Kabul, Gaza-Stadt.

4

So hatte er Ottmar Nebel noch nie angetroffen: mit
wüstem Bart und einer Nase, die glänzte wie rotes Fett.
Ottmar im grünen Trainingsanzug. Die Sportjacke offen,
darunter ein T-Shirt, weiß, verschmutzt. Bierflecken offenbar. Dazu sandfarbene Socken und kotbraune Schlappen
aus Cord, wie sie früher die Großväter trugen. Die wenigen Haare standen dem vom Kopf wie abgeknickte Dach-
antennen. Und dann roch der auch noch! Penetrant. Aber
nicht nach Schweiß. Irgendwie muffig, dachte Kreutz. Wie
ein Mopp, den man, wenn man ihn benutzt hat, feucht in
eine Ecke legt. Und so roch es auch in Ottmars Wohnung.
Kreutz war einigermaßen erschüttert, ließ sich aber nicht
anmerken, wie erschüttert er war.

Ottmar führte Kreutz in seine winzige Stube, in der er
sowohl wohnte als auch schlief. Was Kreutz sofort auffiel
und für Ottmar eher ungewöhnlich war: kein TV. Schwarz
und tot stand die riesige Mattscheibe auf einem Sockel wie
ein DOCUMENTA-Exponat, das man nicht mehr braucht.

Sag bloß nichts, sagte Ottmar. Er wisse selbst, wie es aussehe bei ihm. Und wie er aussehe, wisse er auch. Also, kein
Kommentar zu nichts.

Er sage ja gar nichts, sagte Kreutz, setzte sich, staunte:
über die Unordnung, die in Ottmars Stube herrschte wie
eine Stilfigur. Das war so gar nicht typisch für den. Kreutz
hatte Ottmar in Erinnerung als einen, der sofort herbeige-
rannt kam mit einem kleinen batteriebetriebenen Hand-
staubsauger, damit auf dem Teppich herumkroch, um
Krümel aufzusaugen, die beim Essen vom Tisch gefallen
waren. Das hatte der auch dann gemacht, wenn die Wohnstube voll mit Gästen war, an Geburtstagen zum Beispiel
oder wenn Weihnachten war. Und benutztes Geschirr

wurde sofort vom Tisch geräumt und in die Küche getragen, abgewaschen, abgetrocknet, in die entsprechenden Schränke geräumt. Entdeckte der ein winziges Fädchen auf dem Wohnungsboden oder sonst irgendwo, bückte der sich danach wie programmiert, hob das Fädchen auf mit Daumen und Zeigefinger, trug es zum Mülleimer in die Küche, wie wenn das Fädchen etwas Heiliges sei. Kreutz hatte oft beobachtet, wie Ottmar Fädchen zum Mülleimer trug. Und den belächelt. Insgeheim. Und gedacht: tuntenhaft. Oder: wie ein Weib. Und jetzt das hier! Als hätte in Ottmars Stube die Hamas gehaust! Was so alles auf dem Boden lag oder stand: ein Aktenordner mit der Aufschrift *Versicherungen*; eine alte schwarze Schreibmaschine, CONTINENTAL, in die ein weißes Blatt Papier eingespannt war, DIN-A4, unbeschriftet; Bierbüchsen, KROMBACHER, zwei, davon eine wie zerquetscht; ein Schiffsmodell, *Santa Maria*, mit abgebrochenem Segelmast. Dazwischen Kinderspielzeug, das von Henri stammte: ein Kartenspiel mit Singvogelmotiven, Zilp Zalp und Rotkehlchen und Zaunkönig und so fort; fünf kleine Metallautos, HOT WHEELS; ein gelber Plastikball mit Posthorn; zwei Kinderbücher, *Doktor Dolittle* und *Lauras Stern*. Selbst die beiden Bilder, die er Ottmar geschenkt hatte, weil Kreutz sie nicht mehr brauchte, Kunstdrucke von Hans-Werner Sahm, *Vor dem Sturm* und *Reise ins Licht*, eingerahmt in Chrom, standen wie Gerümpel in der Zimmerecke und staubten vor sich hin. Kreutz dachte nur: So sieht das also aus bei einem, wenn nichts mehr geht.

Er könne sich vorstellen, sagte Ottmar, was er, Kreutz, jetzt denke von ihm.

Zu denken sei nicht verboten, sagte Kreutz und sammelte Spielkarten vom Laminatboden auf, legte sie in die Plastikhülle zurück, die er zwischen einem Paar musterlosen Ottmarsocken fand.

»Du hättest mal anrufen können«, sagte Kreutz.

»Hätte auch nichts genützt«, sagte Ottmar. Oder ob er, Kreutz, die Kündigung hätte verhindern können.

»Das nicht«, sagte Kreutz.

»Na also«, sagte Ottmar. Warum er dann hätte anrufen sollen. Um sich auszuheulen vor ihm? Das brauche er nicht. Er, Ottmar, komme schon klar. Er habe alles im Griff. Auch wenn es momentan nicht danach aussehe. Was er jetzt am wenigsten brauche: Mitleid. Was er dagegen brauche: einen Job. Aber zack zack zack. Er, Ottmar, vermute ohnehin, dass Kreutz nur deshalb vorbeigekommen sei, weil Sabrina ihn geschickt habe als Spion. »Stimmt's oder hab ich Recht«, sagte er und sah Kreutz an wie der Kommissar den Verbrecher, wenn der endlich gestehen soll, dass er der Mörder ist. Sabrina habe Andeutungen gemacht, sagte Kreutz, das schon. Sie mache sich eben immer noch Sorgen um ihn. Obschon sie das nicht müsse, schließlich sei sie ja nicht mehr seine, Ottmars, Frau.

Also habe er Recht, sagte Ottmar und nickte heftig. Kreutz sei als Sabrinas Spitzel hier. Ausgeschickt mit dem Auftrag zu prüfen, wie er jetzt so hause. Um dann alles haarklein Sabrina zu berichten, die dann alles ihrem Anwalt berichte, damit der erwirke, dass man ihm, Ottmar, das Sorgerecht entziehe für seinen Sohn.

Kreutz sagte: »Quatsch.«

Ottmar sagte: »Komm, hör auf! Lüg mich nicht an!« Nie sei für Sabrina die Gelegenheit günstiger gewesen als jetzt: er, Ottmar, arbeitslos und lasse sich gehen wie ein Clochard. Der beste Grund also, um ratzfatz einem Vater das Sorgerecht zu entziehen für seinen Sohn. Dafür brauche Sabrina Beweise. Und Zeugen. Fertigmachen wolle sie ihn und er, Kreutz, sei Sabrinas Gehilfe bei dieser Operation, die kein anderes strategisches Ziel verfolge als ihn, Ottmar, fertig zu machen.

Kreutz dachte: Verschwörungstheorie. War Ottmar etwa paranoid? Fühlt sich, wer arbeitslos ist, verfolgt? Vielleicht kam das aber auch alles nur vom Bier. Dass Ottmar neuerdings Bier soff statt Wein, war ja auch so was, was Kreutz nicht verstand. Ottmar, dachte Kreutz, entwickelte sich eindeutig Richtung Hartz IV.

Wenn seine Anwesenheit nicht erwünscht sei, sagte Kreutz, bitte, er, Ottmar, solle es nur sagen, ihm, Kreutz, ins Gesicht, jetzt und hier und frank und frei, und er stehe sofort wieder auf und sei verschwunden für alle Zeit.

Ottmar hob ein Spielzeugauto vom Fußboden auf, schob das jetzt auf seinem roten Ikea-Tischchen hin und her, sah dabei wie benommen vor sich hin.

Im Übrigen, sagte Kreutz, wie er, Ottmar, lebe, sei ganz und gar seine Sache. Er, Kreutz, wie jedermann wisse, mache Freundschaft nicht abhängig davon, ob einer frisch rasiert sei oder nicht. Wolle jemand im Chaos leben, bitte, lebe er im Chaos. Wolle jemand herumlaufen wie einer, der die Gosse kennt, bitte, möge er herumlaufen wie einer, der die Gosse kennt. Solange er nur eines dabei nicht vergesse: Mensch zu sein.

»Ja, ja, ja«, sagte Ottmar und schob weiter Henris Spielzeugauto über den Ikea-Tisch.

»Arbeitslosigkeit ist kein Todesurteil«, sagte Kreutz.

»Aber nahe dran«, sagte Ottmar.

»Nur wenn man sich aufgibt«, sagte Kreutz.

»Es ist verrückt«, sagte Ottmar, nahm das Spielzeugauto in die Hand, betrachtete es wie der Archäologe einen seltenen Ausgrabungsfund, stellte das Auto auf den Fußboden zurück, schüttelte dann energisch den Kopf. »Da reißt man sich den Arsch auf für diese Firma, und was ist der Dank? Die schießen dich ab. Zack, bist du weg. Die anderen dürfen bleiben, du nicht. Vier Jahre Fiat für die Katz.«

»Marktwirtschaft«, sagte Kreutz.

»Mafia«, sagte Ottmar.

Seine Zeit bei Fiat sei vorbei, sagte Kreutz. Na und? Fange er, Ottmar, eben bei Audi an, bei Kia oder BMW.

Alles schon versucht, sagte Ottmar, stand auf, schlurfte zum Schreibtisch wie ein alter Mann, griff sich einen Plastikschnellhefter, wedelte den durch die Luft, sagte, was er versucht habe, sei alles hier drin, dokumentiert vom ersten bis zum letzten Brief, schmiss den Plastikschnellhefter auf den Schreibtisch zurück, setzte sich wieder. 31 Bewerbungen habe er geschrieben, sagte Ottmar, jedes Autohaus im Umkreis von 100 Kilometern kontaktiert.

»Und?«, fragte Kreutz.

»Nichts«, sagte Ottmar im Ton eines Arztes, der beim Patienten nur noch den Tod feststellen kann. *Ihre Bewerbung konnte leider nicht berücksichtigt werden.* 31 Firmenbriefe habe er mit diesem einzigen Satz. Mehr stehe da heutzutage nicht mehr drin. Nur: *Ihre Bewerbung konnte leider nicht berücksichtigt werden.* Das seien keine Absagesätze, das seien Vernichtungssätze. »Und je mehr du davon kriegst«, sagte Ottmar, »desto vernichteter bist du. Bis du irgendwann gar nicht mehr bist. Und gar nicht mehr kannst. Und willst. Weil es ja doch nichts nützt.«

Kreutz sah Ottmar an, der auf seinem Schlafsofa hockte wie in den Bauch geschossen, dachte: Arme Sau.

»Mit einem Schlag alles aus«, sagte Ottmar und schüttelte wieder den Kopf. »Kommen auf dich zu mit einem Grinsen im Gesicht, diese Arschlöcher vom Management, sagen, also hören Sie mal, Herr Nebel, die Umsatzzahlen, nicht wahr, die sind ja ganz schön in den Keller gegangen, also, Sie werden verstehen, wir müssen Kosten reduzieren, das heißt Personal entlassen, und da Sie der Jüngste sind in unserem Team und erst vier Jahre dabei, nun, es tut uns ja selber Leid, aber um die Firma zu retten, müssen wir Sie entlassen.«

Ottmar haute jetzt mit der Faust auf seinen IKEA-Tisch, dass die leeren Bierflaschen wackelten, die offenbar noch da standen vom Abend zuvor. Kreutz erschrak. Und dachte unwillkürlich an Benedikt Neumann, seinen alten Freund aus gemeinsamen Hochschulzeiten: Der hatte ja auch, als gar nichts mehr ging in seinem Leben als Mann, gesoffen wie ein Loch. Saufen, Koma, Entgiftungskur – das war das Muster gewesen, nach dem Benedikt gelebt hatte fast drei Jahre lang. Aber Benedikt Neumann hatte sich wieder gefangen. Arbeitete auch wieder wie jedermann. Führte ein Leben wie jedermann. Ottmar, wie Kreutz schien, führte kein Leben mehr wie jedermann. Der hing durch, schmierte ab, entwickelte sich zum Wrack.

»Einen Scheißdreck tut denen das Leid!«, fluchte Ottmar in einer Lautstärke, als stünde er vor Publikum. »Dass ich einen kleinen Sohn zu versorgen habe, Miete zahlen muss für diese Klitsche hier, Butter brauche, Eier und Brot – alles das interessiert die nicht!« Er, Ottmar Nebel, und arbeitslos! Also begreifen könne er das immer noch nicht. Gearbeitet, seit er neunzehn ist. Und jetzt das: ganz unten. Mit einem Schlag. Und wie schnell so etwas gehe! Zum Personalchef hin, zwei Minuten braucht der, um dir mitzuteilen: aus. Und jetzt wisse er, Ottmar, nicht, wie je wieder rauskommen da. Aus diesem Loch, in das er gestoßen worden sei ganz ohne eigene Schuld. Ingenieure suche man, ja, Programmierer auch, Werkzeugmacher. Er habe sich kundig gemacht, recherchiert, wisse, wer da draußen gebraucht werde, wer nicht. Automobilverkäufer jedenfalls brauche der Arbeitsmarkt nicht – und am allerwenigsten die, die bei Fiat waren.

Kreutz betrachtete die Bierflaschenbatterie auf Ottmars IKEA-Tisch, nickte, schließlich waren ihm Geschichten dieser Art aus der Presse bekannt.

Er mache sich nichts vor, sagte Ottmar, für einen wie ihn werde es schwer. Er sei ja auch schon 34. Und außer Autos verkaufen könne er nichts. Aber ohne Arbeit könne er auch nicht sein. 15 Jahre lang habe er Autos verkauft, Fiat eben. Und diese Drecksäcke schmissen ihn einfach raus. Und machten von heute auf morgen sein Leben kaputt. Einfach so. Zack. Zwei Minuten, mehr bräuchten die nicht. Und dabei sei der Umsatz bei Fiat so gut wie nie! Wenn eine Marke wieder ganz stark im Kommen sei, dann Fiat! 192 Millionen Euro Quartalsgewinn! Umsatzplus des Konzerns im Vergleich zum Vorjahr: 10 Prozent! PANDA, sage er nur. Und CINQUECENTO! Auch als Fiat 500 bekannt. Der komme ja bald wieder auf den Markt. Im Retrodesign. Über 25.000 Bestellungen lägen bereits vor! 9990 Euro der Preis. Dieses Auto verkörpere die ultimative Botschaft: Fiat sei wieder da. Endlich habe Fiat wieder Fahrzeuge im Sortiment, die sich klasse vermarkten und also verkaufen ließen. Habe der Kurs für eine Fiataktie im April 2005 noch unter 5 Euro gelegen, liege er jetzt wieder bei 22! Der höchste Stand seit September 2001! Wenn einer an Fiat geglaubt habe, dann doch er, Ottmar Nebel! Was habe er sich für diese Marke ins Zeug gelegt! Und verkauft! PANDAS zumal! Vor allem an Frauen! Von zehn Autos, die er verkauft habe in der Woche, seien sieben PANDAS gewesen. Ein Spitzen-PANDA-Verkäufer sei er, Ottmar, gewesen! Wenn in diesem Laden überhaupt jemand habe Autos verkaufen können, dann doch er, Ottmar Nebel! Und dann kommt dieser Kretin von Personalchef auf dich zu, heuchelt dir was vor von sinkenden Umsatzzahlen, sagt, so und so, und plötzlich ist alles vorbei. In weniger als 120 Sekunden! Mafia, sage er, Ottmar, nur! Ja, was denn sonst?! Passt denen deine Fratze nicht mehr, rasieren sie dich einfach ab. Ohne langes Gefackel. Der einzige Unterschied zwischen Mafia Palermo und Mafia hier? Dass man dich hier nicht auf der Stelle erschießt. Also wenn er, Ottmar, eins wisse, dann das: nie wieder Fiat. Das sei vorbei. Für immer und ewig. Amen.

Kreutz ließ Ottmar reden, wie der meinte, jetzt reden zu müssen. Dass der nicht zu ihm sprach, sondern eher zu sich selbst und also irgendwie an Kreutz vorbei, machte ihm nichts aus. Ottmar stand unter Druck, und das, was den unter Druck setzte, musste raus. Das brauchte ein Ventil. Das Ventil? Sprache. Sprechen. Mit dem Wort einprügeln auf den, der sich anders nicht mehr treffen lässt. Sich rächen mit Sprache an dem, der dich vernichtet hat. Schießen mit Sprache, als befinde man sich im Krieg. Rücksicht kennt einer, der in den Krieg zieht mit dem Wort, nicht. Wer sich befreien muss von dem, was auf ihm lastet wie eine Schuld, kann keine Gefangenen machen. Das Verrückte war nur: Wie wild man mit Sprache auch schoss – der, der getroffen werden soll, steht immer wieder auf. Kreutz fiel das Wort *Untote* ein. Genau das war es: Du schimpfst, stellst den Gegner mit Sprache an die Wand, der Gegner wird, so meinst du, hingerichtet, vernichtet, durchlöchert, bis er sich nicht mehr bewegt, kaum noch zu erkennen ist, doch sobald du wieder allein bist, daran denkst, wie es gewesen ist, steht der, den du als vernichtet glaubst, wieder auf. Und diktiert erneut deine Vorstellungswelt. Lacht dich sogar noch aus. Weil sich Erinnerung eben nicht austricksen lässt. Weil sich, was sich ereignet hat, nämlich ereignet hat. Eine Demütigung zum Beispiel. Die dir jemand zugefügt hat, der stärker ist als du. Also mächtiger. Und so was geht nicht weg. Lebt in dir weiter wie ein Terrorist, den man nicht kriegt. Ist plötzlich wieder da, meldet sich, wenn du gar nicht rechnest mit dem. Sooft du auch schießt, sooft steht der wieder auf. Untot eben. Also ist Kriegführen mit dem Wort ein sinnloses Tun. Kreutz dachte jetzt: Besser, Ottmar keult mit dem Wort, als dass er ein Blutbad anrichtet da draußen mit Sprengstoff oder Gewehr. Wenn es ihm, Ottmar, half, bitte, sollte der monologisieren bis Mitternacht – Kreutz würde hier sitzen, Klagemauer spielen wie der Seelsorger von der CARITAS. Er hatte schließlich Zeit, Osterferien, zweieinhalb Wochen, und außerdem war Ottmar doch ein Freund, irgendwie, fand Kreutz, auch wenn er seine Zweifel hatte, ob das, was Ottmar ihm hier vortrug im Propagandastil, auch wirklich den Tatsachen entsprach oder nur eine Erfindung war. Kreutz hatte ja so Geschichten gehört. Über Ottmar. Von Christopher Engel, der Sabrinas Bruder war und Kurierfahrer bei DHL. Und der hatte Ottmar kürzlich gesehen mit so einem Mädchen, das so jung war, dass das schon verdächtig war. Unten in Feudingen muss das gewesen sein, vor einem Hotel. Auf 16 oder 17 hatte Christopher das Mädchen geschätzt. Älter nicht. Braunes Haar, Jeansrock, dazu Fellstiefel, weil es noch Winter war. Ottmar mit dieser schwarzen Umhängetasche, in der seine Digitalausrüstung steckt. Die Tasche kenne er, Christopher, ganz genau, schließlich habe er Ottmar das Filmen und Fotografieren mit Digital gelehrt. Und wie man Bilder und Filme im Internet präsentiert, weiß Ottmar von Christopher auch. Immerhin war Christopher Informatikstudent, bevor er als Fahrer gelandet ist bei DHL. Christophers Vermutung: Der fotografiert oder filmt das Mädchen, verkauft dann das Gefilmte oder Fotografierte übers Internet. Die Nachfrage nach solchen Sachen sei ja enorm. Mit Ottmar darüber gesprochen habe er, Christopher, nicht. Seit Ottmar von Sabrina geschieden sei, habe er, Christopher, mit *diesem Kerl* nichts mehr am Hut.

Und jetzt saß Kreutz dem gegenüber, über den es diese Geschichte gab. Kreutz dachte: Was gingen ihn Ottmars Mädchengeschichten an. Solange er sie nicht zwang zu irgendwas, was nur mit Gewalt zu erreichen war, mein Gott, auch eine 17-Jährige brauchte Geld für Handtaschen, Nagellackentferner, Büstenhalter in Rot oder Schwarz. Aber solche Internetsachen hatte Ottmar ja schon öfter gemacht. Angefangen hatte der mit Brotbackautomaten, die er für wenig Geld einkaufte übers Internet, um sie dann mit Gewinn wieder zu verkaufen. Irgendwann kamen ALOE-VERA-Produkte dazu, später ESPRIT-Uhren, dann Modellautos im Maßstab 1:18, zum Schluss hatte der es sogar mit Moccatassen versucht. Dann, im letzten Jahr, der Hammer: filmt sich selbst beim Baden, Duschen, bei der Masturbation. Stellt das rein ins Internet, wer's sehen will, muss zahlen. Das hatte ihm Sabrina erzählt. Die hatte den nämlich einmal dabei erwischt, wie er so dasitzt vor seiner Webcam und sich das Glied massiert. Ottmar, als Sabrina ihn zur Rede stellte, lapidar: Was sie, Sabrina, denn wolle, er, Ottmar, bediene doch nur einen Markt, der ganz genau das, was er da mache, verlange. Und jetzt also das mit den Mädchen, die, wie Christopher Engel meint, nicht einmal 18 sind. Also minderjährig. Also, sofern es stimmte, was Christopher sagt, ein Straftatbestand. Vielleicht hatten die bei Fiat spitzgekriegt, dachte Kreutz, was Ottmar in seiner Freizeit so trieb. Vielleicht hatte Ottmar sogar den Firmen-PC als Plattform benutzt. Kreutz wusste es nicht. Er fragte Ottmar auch nicht danach. Ottmars Problem, dachte Kreutz, und damit nicht sein Problem.

Plötzlich stand Ottmar auf, sagte, er habe einen ziemlichen Brand, brauche also zum Löschen erst mal ein Bier, schaute Kreutz an, fragte: »Du auch?«

Kreutz lehnte entschieden ab. Wenn ein Getränk so überhaupt nicht passte zu ihm, dann Bier.

»Bier hilft«, sagte Ottmar.

»Löst aber kein Problem«, sagte Kreutz.

»Sorgt aber für Ruhe«, sagte Ottmar, »im Kopf.« Ging in die Küche, kam mit Flaschenbier zurück, hebelte den Kronkorken vom Flaschenhals mit seinem Einwegfeuerzeug, der Kronkorken flog in die Zimmerecke wie ein Geschoss, Ottmar hob die Flasche, sagte: »Prost!« Knallte die Flasche auf den IKEA-Tisch, Bier schäumte aus dem Flaschenhals, Ottmar sagte: »Mist.« Setzte die Flasche ein zweites Mal an, trank, als er die Flasche absetzte, war sie fast leer. »Was weg muss, muss weg«, sagte er, wischte sich Bierschaum vom Mund, betrachtete dann das Flaschenetikett, als habe er so etwas noch nie gesehen, sagte: »Noch ein paar Wochen ohne Job und ich werf mich vor den Zug.«

Kreutz sagte: »Das ist Feigheit vor dem Feind.«

Ottmar sagte: »Ein Mann muss Arbeit haben, wie soll er sonst bestehen vor sich selbst?«

Kreutz sagte: »Kommt Zeit, kommt Job.«

»Sprücheklopfer!«, sagte Ottmar, hob die Flasche, trank, Kreutz schaute zu, wie Ottmar trank. Mein Gott, wie Ottmar sich gehen ließ! Vor ihm, Kreutz! Musste das denn sein?! Zum Glück konnte das der kleine Henri nicht sehen. Ein Vater, der säuft wie ein Handwerker vom Bau – etwas Abstoßenderes gab es nicht. Tu was, dachte Kreutz, du siehst doch, dass der deine Hilfe braucht! Aber was hilft, dachte er, wenn das, was einen definierte als Mann, Job, Geld, Frau, nicht mehr ist?!

Kreutz stand auf, ging zu Ottmars Schreibtisch, griff sich das Bild, das da stand in einem Rahmen aus Holz: Henri. Aufgenommen, das wusste Kreutz, da auch er dieses Foto besaß, letztes Jahr im Kindergarten, Herbst, der Kleine mit Rollkragenpullover, wie er dem Betrachter sein Lieblingsspielzeug hinhält, einen Plastikrennwagen in Rot. Dieses Bild stellte er vor Ottmar auf den IKEA-Tisch.

»Schau ihn dir an!«, sagte Kreutz im Ton eines Lehrers, der von seinem Schüler Gehorsam verlangt.

Ottmar setzte die Bierflasche ab, starrte auf das Henribild.

»Was hat dein Junge davon«, sagte Kreutz, »wenn du dich aufgibst als Mann?«

Ottmar nahm das Henribild in die Hand.

»Du hast jetzt Zeit«, sagte Kreutz, »Zeit für deinen Sohn, der dich braucht. Liebt. Sich nicht vorstellen kann, wie das wäre, ohne Vater zu sein. Also nutz die Zeit! Für deinen Sohn. Geh raus mit ihm, in die Wälder ringsum oder runter zum Fluss. Erklär ihm die Welt, die für den Kleinen noch ein Abenteuer ist. Für den es nichts Schöneres geben wird als einen Vater, der Abenteuer erlebt mit seinem Sohn. Solche Erlebnisse speichern sich ab, prägen das Bild, das später ein Kind von seinem Vater hat. Nicht, ob einer Fiat verkauft von morgens um acht bis nachmittags um fünf. Henri ist der Grund, warum dein Leben sinnvoll ist. Und solange ein Leben sinnvoll ist, wirft man sich nicht vor den Zug!«

Ottmar schaute auf das Henribild, nickte vor sich hin, schwieg.

Hatte Kreutz Ottmar erreicht?

Plötzlich stand Ottmar auf, hielt das Henribild wie eine Monstranz, trug es zu seinem Schreibtisch zurück, stellte es ab, blieb davor stehen, sah das Bild an, drehte sich um, schaute in seinem Zimmer umher wie jemand, der etwas vermisst, schaute dann Kreutz an, sagte hart und bestimmt wie ein Soldat: »So, und jetzt wird hier gründlich aufgeräumt!«

Kreutz dachte sofort: Wer so spricht, wirft sich nicht vor den Zug.

Auch Kreutz stand jetzt auf, Ottmar beim Aufräumen helfen wollte er nicht. Das war Ottmars Job.

Als Kreutz sich zur Tür wandte, hielt Ottmar ihn nicht.

»Es wird weitergehen«, sagte Ottmar wie zu sich selbst.

»Es geht immer weiter«, sagte Kreutz, »sofern man nur will.«

Zum Abschied gaben sie sich die Hand.

Aufräumen, dachte Kreutz, sobald er wieder im Freien war. Aufräumen – das war die Richtung, das war der Weg.

5

Dass es regnete an seinem zweiten Ferientag, behagte
ihm. Dicke schwere Tropfen weinte heute der liebe Gott
auf seine Schöpfung herab. Als wollte er alles und alle
ersäufen. Kreutz stand am Fenster seines Arbeitszim-
mers und nickte wohlwollend. Auf dem Giebel des Hauses
der Thüringer von nebenan ein Rotschwänzchen, das zu
ihm herüberschaut wie ein lieber Freund, dann weiter-
fliegt, als habe es noch etwas vor. Eine Amselfrau unten
auf dem Boden zwischen Haselnussbaum und Wacholder-
strauch, wie sie winzige Zweige sammelt für ein Nest, das
sie irgendwo für ihre Jungen baut. Heimat, dachte Kreutz
und genoss dieses Gefühl wie einen Erfolg, der sich ein-
stellt, obschon man nicht damit gerechnet hat. Kreutz
wusste, was ihm fehlte, wenn er in Niedersachsen war: Das
hier! Heimat eben. Und heute zum Glück kein Mensch,
der dieses, wenn auch verregnete, Schöpfungsbild stört.
Am meisten liebte er ja die Wälder ringsum. Schaute er
zum Fenster hinaus, sah er Wälder, Wälder, Wälder. Wenn
es etwas gab, das er fast mehr liebte als sich selbst, dann
waren es diese unendlich weiten und tiefen Wälder des
Wittgensteiner Lands. Er beneidete seine Schwester Evelinde kein bisschen. Dass die es schon 21 Jahre ausge-
halten hatte in dieser nichts als lauten und schmutzigen
Stadt Berlin! Berlin, das wäre kein Ort für Kreutz. Steckte
man ihn in diese Stadt, wäre er nach wenigen Tagen tot.
Viele, die er früher einmal gekannt hatte, waren, sobald
sie erwachsen gewesen waren, weggezogen von hier, hatten die Heimat zurückgelassen, um Karriere zu machen in
Hamburg, Frankfurt, Berlin. Evelinde, sobald sie 18 gewesen war, auch. Er, Kreutz, nicht. Ihn hatte es nie hinausge-
zogen in die so genannte *große, weite Welt*. Gut, er war in

Marokko gewesen, in Portugal, Spanien, Frankreich, Italien, in der Tschechischen Republik – er hatte schon was gesehen von der Welt. Aber er war auch jedes Mal wieder froh gewesen, wenn er wieder in der Heimat war. Kreutz brauchte Heimat wie der Herzkranke sein MAKOMAR.

Er schaute jetzt nach Westen und hinüber ins Edertal. Trotz des Regens konnte er das Wehr bei Berghausen gut erkennen. Auf dem Kamm dieses Wehrs hatte er im letzten Jahr einmal gesessen. Im Sommer war das gewesen. Den kleinen Henri hatte er dabeigehabt, Ottmars und Sabrinas Sohn. Auf dem Kamm dieses Wehrs waren sie herumbalanciert wie Zirkusakrobaten. Und nicht ein einziges Mal gestürzt! Trotz der Strömung, die in der Eder auch bei Niedrigwasser herrscht. Kieselsteine hatten sie vom Ufer aus geworfen flach über den Fluss, sodass die Steine drei-, vier-, fünfmal sprangen. Eine Schnapsflasche mit zerkratztem Etikett hatten sie gefunden im dichten Ufergestrüpp, Weißglas, leer, mit Schraubverschluss. Kreutz hatte einen Schreibblock aus seinem TT geholt, einen Stift. Dann hatten sie einen kurzen Brief geschrieben, der Kleine hatte noch ein Bild gemalt, abstrakt, Fluss, Wald, zwei Figuren, die durchs Wasser geh'n, und sie hatten die Flaschenpost unterhalb des Wehrs in die Strömung gesetzt, der Flasche mit Brief plus Bild hinterhergeschaut, bis sie nicht mehr zu sehen war, verschwunden war hinter der nächsten Flussbiegung wie im Nichts. Später hatten sie mit Kreutz' altem Militärmesser Speere geschnitzt; wie Indianer, die auf der Jagd sind, waren sie durch den Fichtenwald geschlichen, hatten ihre Speere geworfen auf Tiere, die es nur in ihrer Einbildung gab. Einen ganzen sonnigen Nachmittag hatte er mit dem Kleinen da oben verbracht, vier, fünf Stunden, in denen Zeit nicht zählte, keine Aufgabe, keine Pflicht. Mit dem Kleinen unterwegs in der Natur, dachte Kreutz jetzt, und ich lebe. Auf.

Kreutz musste sich zwingen, sich an seinen Schreibtisch zu setzen, auf dem schließlich noch Arbeit lag. Klausuren waren zu korrigieren, Deutsch, alles Aufsätze, zum Teil zehn, zwölf Seiten Textumfang. Die Bücher, die eingetroffen waren in der Zwischenzeit, Romane von Autoren, die Kreutz noch nicht kannte, Peter Kurzeck, Otto F. Walter, Pat Patersson, mussten auch noch gelesen werden. E-Mails waren abzurufen, vielleicht sogar zu beantworten, in zwei Wochen häuft sich schließlich was an. Es gab also etwas zu tun. Heute jemanden zu besuchen, hatte er nicht vor. Dass ihn jemand besuchen würde, war unwahrscheinlich. Wer sollte ihn schon besuchen?! Abgesehen von Ottmar und Sabrina gab es hier herum niemanden mehr, zu dem Kreutz noch einen freundschaftlichen Kontakt pflegte. Die, die er noch kannte aus Jugend- oder Universitätszeiten, waren entweder unglücklich verheiratet und hatten einen Stall voll Blagen oder wohnten in einer weit entfernten Stadt. Also würde er, wie so oft, den Tag allein verbringen. Eine feste Frau an seiner Seite hatte er ja nicht. Brauchte er nicht. Vermisste er auch nicht. Kreutz wusste doch: Ist man zusammen mit einer Frau und teilt mit ihr Zeit und Raum und Bett, gibt es irgendwann immer Trara. Beziehungen, heutzutage, liefen immer hinaus auf Trara, also auf Erwartungen, Enttäuschungen, Trennungskrieg.
Katharina war anders!
War sie nicht.
War sie doch!
Früher oder später hätte die Streit gesucht wie jede Frau.
Hat sie aber nicht!
Hätte sie aber.
Das redest du dir ein, weil du willst, dass deine Erfahrung pauschalisierbar ist!
Ist sie ja auch.
Ist sie nicht!

Ich sage nur: Sabrina.

Ein Einzelfall!

Der aber typisch ist.

Für dich!

Wie ihn Sabrina damals durch ihre unüberschaubare Verwandtschaft hatte schleifen müssen! Wenn Kreutz daran dachte, schüttelte er auch heute noch unwillkürlich den Kopf. Als sei er eine Trophäe gewesen, die jedem, den sie kannte, vorgeführt werden musste! Und dann diese vielen Geburtstagsfeiern! Es verging ja fast keine Woche ohne irgendeine Geburtstagsfeier! Und immer musste er mit! Und hockte da zwischen Menschen, die Bier aus Flaschen tranken und Bockwürste aßen aus der Hand! Sieben Jahre lang hatte er sich von Sabrina durch diese fremde Sippe schleifen lassen. Vorbei! Und was ihn das gekostet hatte! Jeder von denen, mit denen er doch eigentlich gar nichts zu schaffen hatte, erwartete schließlich, sobald er Geburtstag hatte, ein Geschenk, und sei es auch nur ein kleines, ein Badetuch mit Blümchenmuster zum Beispiel für die Oma oder ein Fläschchen Rasierwasser von BOSS für den Onkel, der Hühner züchtete und für ALDI einen Lastwagen fuhr. Und Weihnachten gab's ja auch noch jedes Jahr! Wie oft hatte er damals den Kofferraum seines Golfs vollstopfen müssen nur mit Geschenken für Sabrinas unendlich große Sippe! Den ganzen Heiligen Abend war man unterwegs gewesen vom frühen Morgen bis zum späten Abend, um nur jedem aus ihrer Sippe zu demonstrieren, wir, Sabrina und Cornelius, denken an dich. Kam man dann abends nach Hause zurück, war man im Zustand Fixundfertig. Und gereizt. Das vor allem. Wie eine Dynamitstange, deren Lunte bereits brennt, so hatte er sich gefühlt jedes Mal. Ein falsches Wort von ihr oder ihm genügte dann und schon ging es los, das Gezänk. Und auf so etwas hatte

Kreutz keine Lust mehr. Zum Beispiel, sich anhören zu müssen, wie wenig umgänglich er doch sei, wie wenig interessiert an den Menschen, die doch zur Familie zählen! Dann lieber allein, dachte Kreutz jetzt, oder rasch zu einer Nutte hin, wenn es anders nicht mehr auszuhalten war.

Kreutz schaltete seinen Laptop ein. Woll'n doch mal schauen, ob dir jemand geschrieben hat. Also an dich gedacht hat. Benedikt Neumann vielleicht, sein alter Freund aus Studienzeiten. Oder seine Schwester Evelinde aus Berlin. Also, Benedikt Neumann hatte schon mal nicht geschrieben. Nur eine kurze Mail seiner Schwester fand er vor. Kreutz las: *Lieber Cornelius! Wie bist du in der Heimat empfangen worden? Wie war das gemeinsame Frühstück mit dem Vater? Seid ihr euch wieder ein bisschen näher gekommen? Meld dich mal! Ich hab dich lieb, großer Bruder, vergiss das nicht! Evelinde.*

Kreutz schrieb, damit das schon mal erledigt war, zurück: *Liebe Evelinde! Sobald ich in der Heimat bin, werde ich bedrängt. Kaum bin ich hier, will man was von mir. Es ist fast so, als müsse ich, kaum bin ich hier, immerzu Probleme lösen, die nicht meine eigenen sind. Der Vater zum Beispiel. Nicht, wie geht es dir, fragt er, sondern, wann übernimmst du endlich das Haus. Und dabei hat man sich zwei Wochen nicht gesehen! Je älter ich werde, desto klarer wird mir: Der Vater ist mir fremder als fremd. Da gibt es so viel Eis zwischen dem und mir, das durch keine Sonne je wieder zu schmelzen sein wird. Wenn ich den Begriff VATER nur denke, dann …*

Plötzlich hörte Kreutz lautes Gefluche von unten. Sein Vater. »Scheißding!«, hörte er den fluchen. Und: »Drecksding, verdammtes!« Dann rief der unten aus dem Hausflur zu ihm herauf: »Cornelius!« Dann noch einmal, wie jemand, der in großer Not ist: »Cornelius!« Kreutz reagierte nicht. Sollte der Vater doch rufen, bis dem die Zunge aus dem Rachen fiel! Wenn der was wollte von ihm, bitte, der wusste ja, wo Kreutz zu finden war.

Schon hörte er die schweren Schritte des Vaters die Holztreppe heraufkommen. Wenn der so plärrte, dachte Kreutz, war der bestimmt wieder überfordert mit irgendwas, das aus der Moderne kam. Wahrscheinlich was Technisches. Kreutz kannte das ja: Sobald ein Gerät mehr als drei Knöpfe hat, fängt der zu zittern an. Und rief dann wie ein Ertrinkender nach Kreutz. Der dem Vater alles zeigen und erklären und vorführen musste wie einem fünfjährigen Kind. Fernbedienungen, Anrufbeantworter, Mobiltelefone – damit lag der Vater im Clinch.

Der Vater stürmte in sein Arbeitszimmer wie ein Mann vom SEK. Der ganze Vaterkörper bebte. Ein schnurloses Telefon trug der in der Hand, hielt das Ding wie eine Handgranate. »Das Scheißding funktioniert nicht mehr!«, sagte er. »Guck da mal nach!«

»Leg's auf den Schreibtisch«, sagte Kreutz so gleichmütig als möglich, wandte sich wieder seinem Laptop zu. Ignorieren, dachte er, den, der dich ignoriert hat jahrzehntelang. Kreutz spürte, wie es siedete in ihm, brodelte, kochte. Ruhig bleiben, dachte er, du bist doch schon viel weiter als der, also leg es nicht drauf an.

Er habe irgendeine Taste gedrückt, sagte der Vater. Seitdem funktioniere das Scheißding nicht mehr. Ob er, Kreutz, wisse, welche Taste das gewesen sein könne. Und rückte noch näher an Kreutz heran. Der riecht, dachte Kreutz. Ein Geruch wie gestern bei Ottmar Nebel.

»Jetzt schau doch mal nach dem Telefon!«, rief der dicht neben seinem rechten Ohr. Den Brief oder was er da schreibe, könne er, Kreutz, auch später noch tippen. Und knallte ihm das Telefon neben die Tastatur.

Mein Gott, dachte Kreutz, hatte er denn niemals Ruhe vor

dem! Musste denn tatsächlich erst was Schlimmes passieren, dass der begriff, dass der so nicht umspringen konnte mit ihm!

Kreutz nahm das Gerät, drückte die Sperrtaste raus, das Telefon funktionierte wieder.

»Das war alles?«, fragte der Vater ungläubig.

»Das war alles«, sagte Kreutz kalt.

»Scheißtechnik!«, fluchte der Vater, wackelte ein bisschen mit dem Kopf, Tremor, dachte Kreutz unwillkürlich, verschwand dann so unvermittelt, wie der vor zwei Minuten in die Stube gestürmt war. Wenigstens *danke* hättest du sagen können, dachte Kreutz. Arschloch, dachte er auch noch. *Mach mal eben! Hol mal eben! Bring mal eben!* Kreutz hatte die Schnauze voll von diesen Vaterimperativen. Er durfte sich das nicht mehr gefallen lassen. Nicht, wenn man 44 war und Studienrat.

Kreutz schaltete seinen Laptop aus. Jetzt an der E-Mail für Evelinde weiterzuschreiben, hatte keinen Zweck. Wenn er jetzt schreiben würde, dachte er, würde aus jedem Satz, den er produzierte, der pure Hass spritzen. Das durfte er seiner Schwester nicht zumuten. Für Evelinde war der Vater schließlich ein armer Kerl, der es auch nicht leicht gehabt hatte im Leben. Sprach man über den Vater, was selten vorkam, aber immerhin, fuhr Evelinde Bruchstücke aus dessen Biografie auf wie eine Panzerarmee: die Mutter verloren, als der elf gewesen war; der Vater des Vaters ein Tyrann, dem die Kinder nur eine Last sind oder eine Qual; dann die viel zu frühe Heirat mit Elisabeth; dann, nach 28 Jahren, die Scheidung von Elisabeth; dann stirbt dem auch noch Valerie Wolzenburg weg, die seine große Liebe war; dann die schlimme Krankheit, die ihn mit 60 zum Frührentner macht. So argumentierte Evelinde, wenn sie über den Vater sprach. Und warb, wenn sie so sprach, um Nachsicht. Er, Kreutz, dürfe mit seinem Vater nicht so hart ins Gericht gehen. Manchmal habe sie den Eindruck, er, Kreutz, sei die USA, und der Vater eine Figur wie Saddam. Das habe der Vater aber nicht verdient. Weil der ja auch nur ein armer Kerl sei. So Evelinde.

Kreutz stand von seinem Drehstuhl auf, lief ein bisschen hin und her, schaute wieder zum Fenster hinaus und hinauf in die grauschwarze Wolkenwand, als erwarte er von dort eine Hilfe, die es jedoch nicht gab. Kreutz verfluchte sich selbst. Dass er schon wieder eingeknickt war vor dem! Ließ sich von seinem Vater immer noch dirigieren, als dürfe der das! Als sei das verbrieftes Recht! Also souverän war das nicht. Von wem er das nur hatte, dieses Nachgiebige, Unterwürfige, Hündische?! Von seiner Mutter offenbar. Die hatte ja auch nur gekuscht vor Waldemar Kreutz. 28 Jahre lang. Sich klein machen, abducken, wegducken, weil es offenbar anders nicht ging. Oder weil etwas anderes für die Mutter nicht vorstellbar gewesen war. Weil sie nichts anderes gelernt hatte. Widersprechen zum Beispiel. 28 Jahre hatte seine Mutter gebraucht, um einmal wirklich Stärke zu zeigen in ihrem Leben. Um NEIN! zu sagen. NEIN! zu Waldemar Kreutz. Seine Mutter hatte sich, als sie damals die Scheidung wollte, befreit. Nicht nur von dem, der ihr Ehemann war; nein, befreit hatte die Mutter vor allem sich selbst. Was Kreutz, solange die Mutter mit dem verheiratet gewesen war, fast nie erlebt hatte, wurde nach ihrer Scheidung wieder möglich: eine Mutter, die lachte, tanzte, fröhlich war. Vielleicht konnte die Mutter ein Vorbild sein. Einmal NEIN! sagen dem, der ein NEIN! nicht gewohnt war. Und dann zu diesem NEIN! stehen. Mit welcher Konsequenz auch immer. NEIN NEIN NEIN!

Das Handy surrte. Auch das noch. Ottmar Nebel? Nein, Sabrina. Eine SMS. Kreutz las: *Pascal heute Morgen nicht da. Keine Ahnung, wo der ist. Angst um den. Was tun?*

Kreutz dachte: Hände falten und beten. Er schrieb: *Liegt in der Wohnung ein Brief, der für dich bestimmt ist? Such nach!*

Arme Sabrina, dachte er. Dass die aber auch ständig mit den Männern, die sie hatte, Katastrophen erleben musste! Zuerst sieben Jahre mit ihm, Kreutz, dann sechs Jahre mit Ottmar Nebel, und jetzt mit diesem Pascal, dem das Glied nicht mehr stand. Dass der sonntagmorgens einfach so verschwand, verhieß nichts Gutes. Kreutz wusste, zu was ein Mann fähig war, wenn das, was sein sollte, nicht mehr war. Unberechenbar konnte man dann werden als Mann! Aber ja doch, ja! Hatte Kreutz doch alles selbst erlebt! Zur Axt greifen konnte man dann, zum Knüppel oder Gewehr! Weil man sich überhaupt nicht vorstellen kann, wie man sich jetzt aushalten soll als Mann, weil das, was sein soll, nicht mehr war. 16 Monate Depression hatte Kreutz hinter sich, 16 Monate war er durch eine Seelenhölle marschiert, die ihn fast zerriss. Mehr als einmal hatte Kreutz in dieser Zeit gedacht: Schuss und Schluss. Zum Glück hatte er es dann doch nicht getan. Weil er an den kleinen Henri gedacht hatte, an Ottmars und Sabrinas Sohn. Kreutz dachte: Erst wenn es keinen Menschen mehr gibt, dem du wichtig bist, ist es nicht mehr wichtig, dass du bist. Der Junge war wichtig für Kreutz, Kreutz war wichtig für den Jungen. Also hatte Kreutz weitergemacht. Mit seinem Leben und überhaupt.

Wieder das Handy. Sabrina. Ihre SMS: *Alles abgesucht. Keinen Brief gefunden.* Kreutz schrieb: *Ruhe bewahren. Der kommt zurück. Weil der dich liebt.*

Einen Abschiedsbrief hatte Pascal offenbar nicht geschrieben. War das ein gutes Zeichen? Musste man denn, wenn man nicht mehr wollte, einen Brief schreiben, in dem man darlegte, warum man nicht mehr wollte? Gab es so etwas wie eine moralische Pflicht, jemandem mitzuteilen, warum einem das Grab näher war als die Geburt? Oder reichte nicht vielmehr die Tat selbst als Begründung der Tat schon aus? Kreutz hatte doch damals auch keinen Abschiedsbrief verfasst. Jeder, der ihn kannte, wusste schließlich, wie es um ihn stand. Ganz unten war er gewesen, zerstört in allem, was ihn damals definiert hatte als Mann: Karriere, Image, *Vorzeigestudienrat*. Seine Existenz? Sinnlos seitdem. Also unlebenswert. Also ab. So hatte er gedacht, 16 Monate lang. Ein Abschiedsbrief wäre in seiner Situation, hätte er sich tatsächlich erschossen Heiligabend '05, genauso überflüssig gewesen wie eine dritte Brust. Und so war das, wie er das jetzt sah, auch bei diesem Pascal: Glied kaputt gleich Funktion kaputt gleich Mann kaputt. Folge: Das Leben ist nur noch ein einziger Scheiß. Beziehungsweise ein Schmerz. Ein schmerzloser Schmerz, der nie mehr vergeht. Die Tat, sofern sie denn vollzogen wird: verständlich, unausweichlich, folgerichtig. Für den, der weiß, was vorgeht in einem, der dem Bild, das er von sich hat, nicht mehr entspricht. Einen Abschiedsbrief brauchte das nicht mehr.

Wieder das Handy. Sabrina. Kreutz las ihre SMS: *Pascal wieder zurück. Unversehrt. War im Wald. Laufen. Alles okay*. Gott sei Dank, dachte Kreutz. Und: Was für ein Ferienauftakt! Er kam sich vor wie in einem Thriller. Hoffentlich wurde das jetzt nicht zur Gewohnheit. Fehlte nur noch, dass, sobald er auf die Straße trat, geschossen wurde aus dem Hinterhalt! Ging das jetzt jeden Tag so, haute er wieder ab. Schließlich war er nicht in die Heimat gekommen mit dem Auftrag: Rette die Welt.

Konnte er jetzt endlich seine E-Mail an Evelinde beenden? Er konnte. Kreutz schrieb: *… fühle ich mich wie jemand, dem man eine Plastiktüte über den Kopf stülpt und der jetzt keine Luft mehr kriegt. Will ich nicht ersticken, muss ich mich befreien, irgendwie, mir die Tüte vom Kopf rei-*

ßen, aber rasch rasch rasch. Auch ich will doch atmen dürfen! LEBEN!

Kreutz nickte, als er noch einmal las, was er geschrieben hatte. Hasssätze waren das nicht geworden. Zum Glück. Er konnte die E-Mail an Evelinde versenden. Dann den Laptop ausschalten, kurzer Blick auf die Uhr, Viertel nach elf, er musste sich beeilen, wenn er pünktlich sein wollte. Also die Treppen hinunter, rein in den TT und rüber in die Stadt. Schweinemedaillons in Sahnerahmsoße, dachte er. Darauf freute er sich jetzt. Und natürlich auf seine Mutter. Sie wiederzusehen. Das war ja auch so ein Gefühl, das nicht entstand, wenn er das Haus seines Vaters betrat.

6

Bevor er die Wohnung seiner Mutter betrat, schaute er auf die Uhr: 11.28. Er war also pünktlich. Zwei Minuten zu früh sogar. Halb zwölf, dachte Kreutz, *Punkt halb zwölf*, das war das eherne Gesetz der Mutter, wenn bei ihr zu Mittag gegessen wurde. Kreutz wusste, dass seine Mutter nichts so sehr hasste wie Unpünktlichkeit. Aber zum Glück war er ja zwei Minuten zu früh. Vorwürfe, weil er schon wieder zu spät gekommen sei, würde er sich heute also nicht anhören müssen.

Was er aber dann, sobald er die Küche seiner Mutter betrat, zu sehen bekam, erschreckte ihn nun doch. Die Mutter sitzend am Mittagstisch, als habe sie kein Rückgrat mehr. Vornüber gebeugt hockte sie auf ihrem Stuhl, den Kopf mit diesem vielen grauen Haar in der Ellenbeuge versenkt, dabei hörte Kreutz sie leise schluchzen. Ihr Oberkörper zuckte, wie wenn er unter Krämpfen litt. Die Mutter so vorzufinden, damit hatte er nun wirklich nicht gerechnet.

Nachdem er sich auf die Eckbank gesetzt hatte, der Mutter gegenüber, und gefragt hatte, was mit ihr sei, hob sie langsam, wie in Zeitlupe, ihren Kopf, tupfte sich mit dem Pulloverärmel Nasses aus dem Gesicht, sagte, indem sie an ihm vorbei und aus dem Küchenfenster schaute, mit fast tonloser Stimme: »Nichts.«

Auch wenn er ein Mann sei, sagte Kreutz, aber das erkenne er nun doch, dass etwas nicht stimme mit ihr. »Also«, fragte er noch einmal, bestimmter jetzt, »was ist los?«

Ach, sagte die Mutter, sie habe mal wieder ihren Moralischen. Das kenne sie ja von ihrer Mutter, also seiner, Kreutz', Großmutter Karoline: Auch die habe damals, als sie alt gewesen sei und allein, oft ihren Moralischen gehabt. Offenbar liege das in der Familie, stecke in den Genen wie ein Programm. Sie könne ihn, Kreutz, aber beruhigen: Sorgen müsse er sich nicht. Wie das komme, so verschwinde das auch wieder. Ein bisschen Heulen, das war's.

Stand, als wolle sie ihm beweisen, dass stimmte, was sie sagte, auf, hievte Kochtöpfe vom Herd, stellte die dampfenden Töpfe auf den Küchentisch, ging zurück zum Herd, bückte sich tief zum Backofen hinab, öffnete die Backofentür, Wärme strömte in die Küche, holte die Glaskasserolle mit den Schweinemedaillons hervor, stellte auch die auf den Tisch – Kreutz konnte sich bedienen.

Er schaufelte sich ordentlich den Teller voll. Eine Mutter, die weint, das ist zwar schlimm, dachte er, aber wer Hunger hat, muss essen. Während er aß, sah er seine Mutter an. Nur auf den Teller schauen oder auf den Küchentisch, wie er das machte, wenn er bei seinem Vater war, wollte er bei seiner Mutter nicht. Auch die Digitaluhr, die an der Wand hing überm Mikrowellenherd und lautlos die Sekunden fraß, war nicht gerade das, was man einen Blickfang nennt. In ein trauriges Muttergesicht zu schauen fiel ihm schwer. Noch immer schimmerten ihre Augen nass. Wieder hatte er das Gefühl, dass er nicht wusste, wie er sich verhalten sollte. Die Mutter in den Arm nehmen? Das ging nicht, da sie ja saß. Und er auch. Ihren Arm streicheln, ihre alte faltige Hand? Unmöglich, zu viele Töpfe standen zwischen ihm und ihr auf dem Küchentisch. Beruhigendes oder Tröstendes sprechen? Man spricht nicht mit vollem Mund. Er wusste nicht, was richtig war, was falsch. Er wusste es wirklich nicht. Wie hätte er das auch wissen sollen – er hatte es von niemandem gelernt. In dieser Hinsicht, dachte Kreutz, bist du wie das kleine Kind, das noch nicht laufen kann. Also abwarten. Und registrieren. Ihr Gesicht: wie eine Alpengebirgslandschaft im

Tessin. Krater, Furchen, Hängendes. Ihre Augen: wie ein See, über dem dichter Novembernebel hängt. Tränensäcke unter ihren Augen, die hingen, als wollten sie die Mutter gleich bodenwärts ziehen. Ihr Lippenpaar wie zwei Kanthölzer, die man aufeinander genagelt hat. Gesamteindruck: ein rutschendes, zerfließendes Muttergesicht. Das Gesicht einer 67-Jährigen, das heute wirkte wie zusammengepeitscht. Oder wie unter grausamster Folter entstanden. Arme Mutter, dachte Kreutz und nahm sich noch ein Stück Fleisch.

Was dieses Muttergesicht schon alles erlitten hatte, wusste Kreutz, zumindest Fragmente ihrer Biografie waren ihm bekannt: ein Kind, ihr erstes, starb, bevor es überhaupt geboren worden war; dann die Ehe mit Waldemar Kreutz, die keine Liebesehe war, sondern Ehe als Option einer Flucht aus ihrem viel zu strengen Elternhaus; nach ihrer Scheidung die Sorge, wie sie ihr Leben meistern soll, Leben einer allein stehenden Frau, Mitte 40 und ohne erlernten Beruf; dann heiratet die Mutter ein zweites Mal, Hans-Georg König, Fahrstuhlmechaniker aus Gelsenkirchen-Buer, der aber herzkrank ist und morsche Knochen hat, Osteoporose, schon bald ein Pflegefall wird, ein Pflegefall bleibt, sich nie wieder ganz erholt von einer dramatischen Herzoperation, die ihm zehn Bypässe beschert; vier Jahre opfert sie sich auf für den, den sie liebt, der aber fast nur noch im Rollstuhl sitzt oder auf dem Krankenbett liegt, bis er an einem Sonntagmorgen in ihren Armen verstirbt.

Kreutz dachte: Dieses Muttergesicht ist wie ein Roman. Nein, nicht *wie* ein Roman, sondern das Gesicht seiner Mutter *ist* ein Roman. In diesem Gesicht konnte man lesen. Die Geschichte eines Menschen, dem das Leben nichts schenkt. Dass dieses Gesicht auch lachen konnte, dass diese jetzt wie erloschen in den Höhlen liegenden braunen Mutteraugen auch strahlen konnten, konnte er sich jetzt gar nicht vorstellen. Aber er wollte sich das jetzt vorstellen! Eine fröhlich wirkende Mutter wollte er sich jetzt vorstellen! Weil ihn die nicht verstörte! Weil ihn die nicht spüren ließ, wie unzureichend er doch war als Sohn! Er musste sich eingestehen, dass ihn diese Situation – weinende Mutter am Mittagstisch – hilflos machte. Ohnmächtig. Wie gestern bei Sabrina. Unfähig war er, etwas zu tun, das nicht wirkte wie Kinokitsch. Wenn Henri weinte, weil der, zum Beispiel, auf die Knie gefallen war, wusste Kreutz sofort, was er zu tun hatte: hin zum Jungen, dem aufhelfen, in den Arm nehmen, kurz nachschauen, wie schlimm die Verletzung ist, sagen, ist doch alles halb so schlimm, ein bisschen abgeschürfte Haut, ein bisschen Blut, mein Gott, du bist doch schon ein kleiner Mann, so etwas steckt man doch locker weg, dann warten, bis der Schmerz nicht mehr spürbar ist, sich der Kleine also wieder beruhigt – und schon konnte es ganz normal weitergeh'n. Aber hier? Die Mutter hielt ihm ihr Schmerzgesicht hin, als wollte sie ihm demonstrieren: Auch das, Cornelius, ist das Leben. Was er aber am Verstörendsten fand: Dieses hängende und immer noch ein bisschen aus den Augen nässende Jammer- oder Elendigkeitsgesicht seiner Mutter erfuhr auch kein bisschen Aufhellung dadurch, dass er, Kreutz, endlich wieder da war, hier und jetzt, seiner Mutter gegenübersaß am Mittagstisch bei Schweinemedaillons, Kroketten und Salat! Da kam er, der Sohn, der immerhin 14 Tage nicht in der Heimat gewesen war, wieder einmal hierher, und was war?! Die Mutter saß wie kurz vor einem Magendurchbruch und starrte trübsinnig auf ihren Teller, auf dem sich so gut wie nichts befand. Was für ein glorreicher Empfang, dachte er. Da hätte er ja auch gleich in Niedersachsen bleiben können.

Die Mutter griff jetzt zu einem Taschentuch, schnäuzte sich kräftig, stand auf, trug das Taschentuch zum Kehrrichteimer, kam zurück, setzte sich wieder, knickte in der Mitte ein, ihr Oberkörper hing kraftlos wie zuvor.

Sie wisse ja selbst nicht, sagte die Mutter endlich, aber neuerdings habe sie immer häufiger ihren Moralischen. Und dabei sei doch in ihrem Leben alles im Lot. Eine ordentliche Rente bekomme sie, eine hübsche Wohnung habe sie ganz für sich allein, endlich könne sie so leben, wie sie schon immer habe leben wollen, sie sei frei, auch körperlich vollkommen gesund, und doch …

Die Mutter schüttelte den Kopf, Kreutz schob sich Salatblätter in den Mund.

»Manchmal fühle ich mich wie eine Schlammpfütze, in die man mit einem Knüppel schlägt«, sagte sie.

Ein schöner Vergleich, dachte Kreutz und nahm sich vor, diesen Muttersatz zu notieren, sobald er wieder in seiner Dachgeschosswohnung war. Hoffentlich hatte er bis dahin den Satz nicht vergessen. Jetzt diesen Muttersatz auf einen Zettel zu schreiben, traute er sich nicht. Das gehörte sich nicht. Überhaupt wie er dachte, gehörte sich nicht. Die Mutter leidet an einem unbestimmten Schmerz und du denkst an Zitate, die du vielleicht eines Tages nutzen kannst für Literatur. Mein Gott, Kreutz, dachte er, was bist du doch für ein Kretin! Aber war es denn seine Schuld, dass er geworden war, wie er geworden war?!

Was ihn jetzt am meisten störte: die Mutter, die im Essen herumstocherte, als suche sie was. Dieses Geräusch, wenn die Gabelspitze über den Tellerboden kratzt – schlimm. Die aß ja nicht, die beschäftigte nur ihre Hand. Schob mit ihrer Gabel Salatblätter hin und her, als müsse das so sein. Am liebsten hätte er gesagt: Wenn du nicht essen willst, bitte, dann stell wenigstens den Teller weg. Dein Herumgestochere macht mich ganz nervös. Da ließ die Mutter, als habe sie seine Gedanken gehört, die Gabel fallen, dass es hell klirrte, schob ihren Teller zur Seite, sah vor sich hin beziehungsweise auf ihre Hände, die sie jetzt gefaltet hatte wie zum Gebet. Zum Glück weinte sie nicht mehr. Offenbar war das, was sie als ihren *Moralischen* bezeichnete, vorbei. Vielleicht konnte man ja jetzt wieder sachlich werden. Mit Sachen und Tatsachen kannte er sich aus. Mit Tränen, die Frauen weinten, nicht.

Seit Tagen habe sie keinen Hunger mehr, sagte sie. Fünf Kilo habe sie schon abgenommen. In nur einer Woche. 57 wiege sie jetzt. Jeder Pullover hänge an ihr wie ein Sack, kaum noch eine Hose passe. Das Verrückte aber: körperlich vollkommen gesund. Das habe ihr der Hausarzt, der es ja wissen müsse, kürzlich noch attestiert. Also merkwürdig sei das schon. Und dann immer diese Müdigkeit! Schon morgens, wenn sie aufstehe, freue sie sich, wenn sie sich mittags wieder hinlegen könne. Auf ihre Couch. Wenn sie daran denke, wie und womit sie wieder ihren Tag zubringen müsse, immer dieser gleiche Trott, saugen, spülen, Fenster putzen, würde sie am liebsten ganz laut schreien. Aber das nütze ja auch nichts. Sie müsse ja was tun. Es komme schließlich keiner, der ihr die Hausarbeit mache. Wenn sie dann morgens endlich aufgestanden sei, sitze sie oft eine Stunde oder auch länger am Frühstückstisch. Und schaue vor sich hin. Oder zum Fenster hinaus. Und simmeliere, wie man im Ruhrpott so sagt. Denke also nach. Über ihr Leben. Das ja so ziemlich vorbei sei. Und dann überkomme es sie eben, anfallartig, wie vorhin – und sie müsse weinen. Und dabei sei überhaupt nichts Schlimmes passiert, kein Unglück, kein Todesfall, nichts. Ihr tue auch nichts weh. Aber dann das: ein Gefühl, als ziehe sie etwas ganz stark hinab. Wehren dagegen könne sie sich nicht. Und dann sei er plötzlich da: der Heulkrampf. Wie wenn man auf einen Knopf drücke. Habe sie sich erst einmal richtig ausgeheult, gehe es wieder. Dann könne sie auch wieder ihre Arbeit machen, also saugen, spülen, Fenster putzen.

Sie zuckte mit den Schultern, sah dann Kreutz an, der sie ansah.

Vielleicht mache sie sich auch nur zu viele Gedanken, sagte sie. *Simmelieren*, dachte Kreutz, und schob seinen Teller beiseite; er war satt.

Vor wenigen Tagen erst habe sie ja wieder so einen Film gesehen, sagte sie. Diese Filme zeigten die ja jetzt ständig im TV. Sobald man den Fernseher einschalte, werde man bombardiert mit diesen Filmen – und könne nachher gar nicht mehr schlafen. »Einfach grausam, wie die umgehen mit einem, wenn man nicht mehr kann.« Pflegeheime, sage sie nur. Was da ablaufe, mein Gott, das sei schlimmer als ein Draculafilm. Eine fast 80-Jährige hätten die gezeigt. Die Pflegerin daneben, die die Alte füttern muss mit einem Löffelchen in der Hand. In der anderen Hand hält die Pflegerin ein Telefon, spricht munter und laut mit ihrem Freund. Die Pflegerin lacht, macht sogar Scherze am Telefon, während der Alten der Brei aus den Mundwinkeln läuft wie kleine Bächlein aus Schleim. Der Brei tropft aufs Kopfkissen, aufs Bettlaken hinab. Endlich bemerkt das die Pflegerin, beendet das Telefongespräch mit dem Freund, schimpft heftig mit der alten Frau. Weil doch das Bett eben erst frisch überzogen worden ist. Und dann so eine Schweinerei! Und stellt krachend die Breischüssel auf den Tisch und steht auf und geht weg und lässt die alte Frau, die jetzt ganz traurig blickt, allein. In diesem winzigen Zimmer, in dem es fast kein Tageslicht gibt, keine Blume, auch kein Bild an der Wand.

Die Mutter schüttelte den Kopf, schaute Kreutz an, der an ihr vorbeischaute und zur Digitaluhr an der Wand, die lautlos die Sekunden fraß.

Das sei es, sagte die Mutter, was sie beschäftige bis in den Traum: Dass sie eines Tages, weil sie nicht mehr könne, vielleicht angewiesen sei auf so eine herzlose Person.

Kreutz verglich die Zeitanzeige der Digitaluhr mit der seiner Armbanduhr. Seine Uhr ging anderthalb Minuten nach. Das musste er sofort korrigieren. Also zog er von seiner Armbanduhr das kleine Stellrädchen heraus, drehte den großen Zeiger so, dass die Zeit wieder stimmte. Dann drückte er das Stellrädchen wieder rein, hielt seine Uhr ans Ohr, horchte, ob sie auch ordentlich tickte. Das tat sie. Kreutz war zufrieden.

Und wie die da lägen, sagte seine Mutter, das hätte er, Kreutz, sehen müssen, wie man die Alten festgegurtet habe ans Bett. Als ob einer, der gar nichts mehr kann, noch fliehen will! Verkrümmt liegend einige wie Napalmopfer damals in Vietnam. Und nur noch sabbernd. Geräusche von sich gebend wie jemand, der sich mitteilen will, aber keine Zunge mehr hat. Und scheißen sich, weil niemand Zeit hat für sie, voll. Und liegen dann in ihrem eigenen Kot. Und können auch nicht, weil sie gar nichts mehr können, auf den Klingelknopf drücken, sodass eine Pflegerin kommt, die ihnen den Kot abwischt vom Arsch. Liegen dann in ihrem eigenen Dreck. Stundenlang. Liegen sich wund, bis das pure Körperfleisch sichtbar wird. Und wenn sie so etwas sehe, Bilder dieser Art, Filme, die so etwas zeigten, dann könne sie nicht schlafen die ganze Nacht. Sie, Elisabeth Kreutz-König, sei ja auch schon 67. Also alt. Und allein. Er, Kreutz, in Göttingen, Evelinde, seine Schwester, in Berlin. Und wie schnell werde man zu einem Pflegefall. Das gehe ja manchmal ratzfatz.

Kreutz spürte, dass er jetzt etwas sagen musste, also sagte er: »Einer von uns wird da sein für dich, Evelinde oder ich.« Sollte der Fall X eintreten, was er, Kreutz, jedoch nicht glaube, so fit wie die Mutter doch sei, dann werde einer da sein für sie, ganz gewiss.

Kreutz freute sich über die dicke Katze, die jetzt zu ihm auf die Eckbank sprang. Die Katze schmiegte sich dicht an seinen Oberschenkel, sah ihn von unten herauf an mit geradezu schmachtendem Blick, wollte von ihm gestreichelt werden. Also kraulte er ihr sofort und innig den flauschigen Hals, den flauschigen Bauch. Das gefiel der Katze. Sie schloss die Augen, schnurrte gleichmäßig leise vor sich hin.

Demenz, sage sie nur, sagte die Mutter. Wenn ihr etwas Angst mache, dann das. Wenn also die Gehirnzellen absterben wie Blumen, die man nicht mehr gießt. Wenn da oben im Kopf alles kaputtgeht und man ganz durcheinander ist und gar nichts dagegen tun kann. Wenn man also weiß, dass man jetzt zerfällt, und ebenso weiß, dass es nichts gibt, das das stoppt, was in einem zerfällt. Wenn man morgens in den Spiegel schaut und den im Spiegel fragt: Ja, wer sind denn Sie? Was wollen Sie denn hier? Ja, gehen Sie doch endlich weg! Also, wenn sie sich vorstelle, dass sie irgendwann in ihrer Wohnstube hocke und in eine Ecke pinkle, also nein, dann lieber mit dem Hammer einen kräftigen Schlag auf den Kopf und vorbei.

Kreutz dachte unwillkürlich an die Geschichte, die er gestern gehört hatte in diesem Goetheplatzcafé. Wie hatte der mit der Spitzhacke noch geheißen? Leopold? Leopold. Schlich sich hinterrücks an wie ein Terrorist und schlug einfach zu. Mein Gott.

»Cornelius«, sagte die Mutter, »was auch immer geschieht: Bin ich einmal so krank, dass ich selbst nicht mehr kann, auf gar keinen Fall ins Pflegeheim!«

Kreutz nickte, kraulte weiter der Katze den flauschigen Bauch.

»Und wenn du mich erschießen musst!«, sagte seine Mutter.

»Mutter«, sagte er jetzt scharf, »red doch nicht so einen Quatsch!«

»Kein Quatsch!«, sagte sie. Ihr sei das ernst. Könne sie eines Tages nicht mehr, müsse er, Kreutz, sie eben erschießen.

»Ein Sohn erschießt nicht seine Mutter.«

»Und wenn die Mutter das verlangt?«

»Ist's und bleibt's Mord.«

»Oder Erlösung.«

»So sieht das kein Staatsanwalt.«

»Dann wird's aber Zeit.«

»Nicht in Deutschland.«

»Gift tät's auch«, sagte sie.

»Kommt aufs Gleiche raus«, sagte er, »Mord. Und das bedeutet: Knast. Für den, der's tut.«

»Aber ins Pflegeheim, Cornelius, gehe ich nicht«, sagte sie.

»Niemals!« Und stand plötzlich auf und räumte, als müsse das jetzt sein, Teller und Töpfe und Geschirr vom Tisch. Ach, Mutter, dachte er und wunderte sich, dass sie heute so offen mit ihm gesprochen hatte. Selbstverständlich, dass seine Mutter so offen sprach, war das ja nicht. Wie oft schon hatte er sich gefragt: Warum redet die, die doch so viel zu erzählen hätte, nie von sich selbst? Vom Wetter konnte sie reden wie der Philosoph von einer Moral, die es nicht mehr gibt, doch wenn Kreutz sie einmal fragte, wie sie sich erlebt habe damals als junger Mensch, sagte sie nur: »Was weiß denn ich.« Aber heute war das doch anders gewesen. Seine Mutter war anders gewesen. Die hatte sich ausgedrückt. Nach langer Zeit das erste Mal. Die hatte ihn teilhaben lassen an dem, was sie bedrückte als Mensch, als Person. Das fand Kreutz schön. Auch wenn das, was die Mutter bedrückte, nicht schön war. Wer sprach schon gerne vom Tod. Oder von einer Krankheit, die, war man alt, dem Tod womöglich vorausging. Für Kreutz selbst war das noch etwas, das jenseits aller Vorstellbarkeit lag: die Mutter ein Pflegefall. Sie, die immer funktioniert hatte wie ein Vollverstärker von ACCUPHASE, eines Tages sabbernd und seibernd liegend im Bett? Nur ein einziges Mal hatte er seine Mutter erlebt im Zustand *außer Betrieb*, damals, als er 14 gewesen war, Konfirmand. Während er in der Raumländer Bonifatiuskirche vor der Gemeinde fehlerfrei aufgesagt hatte den 23. Psalm, hatte die Mutter liegen müssen im Krankenhausbett. Nierensteine hatte sie gehabt. Fast zwei Wochen war die Mutter damals weg. Aber davor oder danach? Nichts. Immer war die Mutter da. Für Waldemar Kreutz zunächst, ihren ersten Mann, dann für ihre Kinder, Evelinde und ihn, dann für ihre Mutter, Karoline, die an einem klassischen Herzinfarkt verstarb, dann für ihren zweiten Mann, Hans-Georg König, dann, sobald Hans-Georg König als Asche in der Urne lag, wieder für ihn, Kreutz, dem die Mutter ein Mittagessen kochte, die Jeanshosen wusch. Selbst als sie Hans-Georg König gepflegt hatte vier Jahre lang, diesen zwergenhaft dünnen Mann, der Kettenraucher war, 40 bis 50 filterlose REVAL am Tag, war die Mutter niemals ausgefallen, hatte vielmehr ihre Leistungen erbracht wie ein Mann.

Gut, er und Evelinde hatten bereits gesprochen über das Thema, also: Wer wird sich kümmern um wen, falls die Eltern einmal so krank werden, dass sie dauerhaft die Hilfe eines Nächsten brauchen. Vereinbart, mündlich, hatten sie, dass er, Kreutz, sich um die Mutter kümmern werde, träfe es den Vater, müsste Evelinde ran. Die kranken Eltern ihrem Schicksal überlassen wollten sie nicht. Und wenn eben möglich: nicht ins Heim. Pflege zu Hause, wenn machbar, auch finanzierbar, das sollte das Ziel sein, wenn tatsächlich eines Tages bei den Eltern nichts mehr ging. Auch wenn er jetzt nicht wusste, was da konkret auf ihn zukommen würde, wenn seine Mutter eine Pflegefall war, aber machen würde er das, was dann konkret gemacht werden musste, schon. Schließlich war sie seine Mutter. Ein Mensch, dem er mehr zu verdanken hatte als jedem anderen Menschen. Was er hatte werden können, war er durch sie geworden. Sie hatte ihn unterstützt auf jedem Weg, den er gegangen war. Mit dieser Mutter als Rückhalt, das hatte er immer gewusst, kann dir, egal, was du auch tust, nichts passieren. Die ist da, fängt dich auf, wenn sonst niemand mehr da ist, der dich auffangen kann. Dass die Mutter eines Tages einmal nicht mehr da sein sollte, das konnte und wollte er sich jetzt nicht vorstellen. Auch wenn das unausweichlich war – ein Leben ohne Mutter. Undenkbar, jetzt.

Nach dem Abwasch setzte man sich noch einmal an den Küchentisch, jeder rauchte eine Zigarette, Kreutz erzählte, wie es in der Schule laufe, dass es überhaupt wieder laufe, einigermaßen, Gott sei Dank, und dass Ottmar Nebel arbeitslos sei, erwähnte er auch. Dass ihm der Vater wieder das Haus aufschwatzen wollte, sagte er nicht. Da war Kreutz mittlerweile vorsichtig geworden. Wie eine Furie konnte die Mutter werden, erwähnte er in ihrer Gegenwart den Namen Waldemar Kreutz. Er konnte sich noch an das letzte Mal erinnern: wie die Mutter geflucht hatte über den, wie sie sich in Rage geredet hatte, sodass Kreutz befürchten musste, die Mutter, wenn er sie nicht stoppte, werde gleich platzen wie ein Ballon, in den man zu viel Luft hineinbläst. Wie eine Stalinorgel Raketen verschoss, so hatte die Mutter Schimpfwörter abgeschossen auf Waldemar Kreutz. Freilich ohne den wirklich zu treffen, denn der, für den diese Begriffe bestimmt waren, war ja nicht da. *Schrappschinken* hatte sie ihn genannt, *Knietschsack, Maulheld, Großprotz, Dummschwätzer, Arschloch.* Am meisten hatte sie das Wort *Arschloch* gebraucht. »Bleib mir bloß weg mit diesem Arschloch!« Wie oft hatte die Mutter diesen Satz gesagt, nein, gerufen hatte sie diesen Satz, gebrüllt! Fiel bei seiner Mutter der Name Waldemar Kreutz, fiel automatisch dieser Satz: »Bleib mir bloß weg mit diesem Arschloch!« Also jetzt bloß nicht noch den

Vater erwähnen! Vielmehr sich gegenübersitzen, Mutter und Sohn, still vor sich hinrauchen, was gesagt werden musste, war gesagt worden, fand er, dann die Zigaretten ausdrücken im Aschenbecher, erst er, dann sie, dann noch einmal die weiße Katze kraulen wie zum letzten Mal, dann aufstehen und ab, sie, die Mutter, ins Wohnzimmer auf die Couch, er, Kreutz, hinaus in den regentrüben Tag.

7

»Pack mal eben mit an!« Die Stimme, die ihn rief, kannte er. Sein Vater. Kreutz erschrak. Er hatte, als er den Müllsack in die schwarze Tonne warf, auch diesmal wieder nicht darauf geachtet, ob sein Vater in der Werkstatt war. Die Werkstatttür stand einen Spalt weit offen. Da drinnen, in gebückter Haltung, der Vater, der an einer Holztruhe schmirgelte, die aussah wie ein kleiner Kindersarg. Wie üblich, wenn der in seiner Werkstatt war, trug der seinen verwaschenen blauen Arbeitskittel und seinen alten grünen Hut.

Die Eichentruhe müsse rauf in seinen Wagen, rief der Vater, die werde nämlich heute noch verkauft. »Also, pack mal eben mit an!«

Das Zauberwort fehlt, dachte Kreutz. Ohne Zauberwort wird das heute nichts, dachte er. Der kleine Henri, obschon der erst fünf Jahre alt war, kannte bereits die Bedeutung des Zauberworts. Die hatte Kreutz dem Kleinen oft genug erklärt: Sagst du *bitte*, erhältst du alles; sagst du es nicht, giltst du als unhöflich und erhältst auch nichts. Kreutz dachte: Sieh doch zu, wie du deine Scheißtruhe ums Haus herum und nach oben kriegst. Das hatte der Vater jetzt davon, dass der das Zauberwort nicht kannte. Oder er kannte es schon, setzte es aber nicht ein. Oder er setzte es schon ein, aber nicht bei ihm, Kreutz. Offenbar war der Vater der festen Überzeugung, einen Sohn müsse man nicht bitten. Selbst dann nicht, wenn der Sohn 44 war und Studienrat. Oder dann müsse er, der Vater, den Sohn erst recht nicht bitten. Ein Befehl reichte offenbar. Wie auf dem Kasernenhof. *Pack mal eben mit an!* Und Kreutz hatte zu springen. Aber heute würde Kreutz einmal nicht springen! 44 Jahre lang hatte er diesen Vaterton ertragen müssen! 44 Jahre lang war Kreutz gesprungen nach diesem Vaterton wie ein Hund, der das Stöckchen holt, das man ins Gelände wirft. Er würde dem Vater demonstrieren, dass Kreutz kein Hund war. Heute. Jetzt. Hier. Die Zeit war reif, dachte er, reif für eine Lektion.

Kreutz ging zur Werkstatttür, sagte durch den armweit offen stehenden Spalt: »Nein!«

Wie *nein*, fragte der Vater und schmirgelte weiter an der Truhe, als stünde Kreutz nicht vor der Tür.

Er packe nicht mit an, sagte Kreutz ruhig.

Jetzt musste der Vater sein Schmirgeln doch unterbrechen, er richtete sich auf, sah Kreutz an wie jemanden, den man nicht begreift.

Kreutz sagte: »Der Rücken.«

Der Vater: »Schon wieder?«

Kreutz machte ein Gesicht, das ausdrücken sollte: Was kann ich dafür.

Der Vater schüttelte nur den Kopf, ging wieder in die Hocke, schmirgelte, sagte: Wovon er, Kreutz, ständig diese Rückenschmerzen habe? Das verstehe er nicht. Kreutz sei doch Beamter. »Und ein Beamter, wie man allgemein weiß, arbeitet doch nichts.«

Der Vater grinste wie jemand, der sich freut, wenn einem anderen ein Unglück passiert. Kreutz fiel wieder diese Leopoldgeschichte ein, die die Alte erzählt hatte in diesem Goetheplatzcafé. Mit der Spitzhacke in den Kopf, dachte er. Vielleicht hatte dieser Leopold die Schnauze genauso voll gehabt von dummen Vatersprüchen wie er, Kreutz. Das reichte ja manchmal aus für eine Tat, die kein Außenstehender je versteht: ein falsches Wort zur falschen Zeit – und schon liegt ein Körper zuckend im eigenen Blut.

Ob er wenigstens gesehen habe, ob Mirko Protz zu Hause sei, fragte der Vater.

Der sei da, sagte Kreutz, sein Porsche jedenfalls stehe auf dem Hof.

Dann solle er, Kreutz, mal rübergehen zu dem und fragen, ob wenigstens der helfen könne beim Transport.

»Das ist nicht meine Aufgabe«, sagte Kreutz zum schmirgelnden Vater hin. Der schaute ihn jetzt nur verständnislos oder fassungslos oder sonst irgendwie merkwürdig von unten herauf an. Wenn Blicke töten könnten, dachte Kreutz, wäre ich jetzt tot.

Er, der Vater, wisse ja, wo Mirko Protz wohne. Benötige er dessen Hilfe, bitte, möge er selbst reden mit dem.

Sagte Kreutz und drehte sich um und ging die Waschbetonsteintreppe hinauf und dann ins Haus und hoch in sein Arbeitszimmer, wo er die Tür hinter sich schloss, sich auf seinen Drehstuhl setzte, den nach hinten kippte, durchs Fenster hinausschaute und hinüber zum Wald. Nie wieder, dachte Kreutz. Such dir einen anderen Hund, der springt, wenn du rufst! Kreutz würde nicht mehr springen. Nie mehr springen. Er war lange genug gesprungen. Auch wenn er sich selbst immer dafür gehasst hatte, dass er gesprungen war, sobald der Vater rief. Kreutz erinnerte sich jetzt daran, wie ihn damals der Vater vor diesem Mirko Protz hatte springen lassen. Einen Garagenanbau hatte der Vater machen lassen und Mirko Protz hatte beim Dachdecken geholfen. Abends, nachdem alle FRANKFURTER PFANNEN gelegt worden waren, hatten sie noch zusammengestanden, draußen, er, der Vater, Mirko Protz. Und der Vater hatte in eben diesem Kommandoton zu Kreutz gesagt: »Hol dem Mirko mal'n Bier!« Und Kreutz war tatsächlich in den Keller gegangen und hatte Flaschenbier geholt. Und Hass verspürt. Ganz ausgefüllt war er plötzlich gewesen mit diesem Gefühl. Noch nie in seinem Leben hatte er ein derart starkes Hassgefühl in sich verspürt wie in dieser Situation. Hass auf sich selbst, weil er gesprungen war wie ein Köter, Hass auf den Vater, der ihn springen ließ wie einen Köter. Und das ausgerechnet vor diesem Mirko Protz, der doch ein Nachbar war und auch nicht viel älter als Kreutz! Mein Gott. Noch heute musste Kreutz den Kopf schütteln, wenn er an diesen Abend dachte. Wie dieser Mirko Protz ihn angesehen hatte! Wie einen, mit dem man ganz viel Mitleid haben musste. Das konnte aber auch ein Verachtungsblick gewesen sein. Kreutz wusste es nicht. Was er wusste: Er hatte sich blamiert. Vor diesem Mirko Protz. Ja, was denn sonst?! Er, Kreutz, ein erwachsener Mann, und ließ sich Befehle erteilen wie ein Kind, das Führung braucht! Und dabei war Kreutz auch schon 30 gewesen, damals, dazu Student, der kurz vor dem Examen stand! Und hatte gehorcht wie ein Köter, der aufs Gehorchen dressiert worden ist! Aber ja doch, ja! Kreutz gleich Köter gleich Kreutz! Und weil der Vater das wusste oder erkannt hatte, dass sich Kreutz wie ein Köter herumscheuchen ließ, nutzte der Vater das schamlos aus. Zur eigenen Machtdemonstration. Auch vor anderen. Am liebsten vor anderen. Zum Beispiel vor diesem Mirko Protz. Und Kreutz hatte diese väterlichen Machtdemonstrationen zugelassen. Sich nicht gewehrt dagegen. Sich nie gewehrt dagegen. Wie seine Mutter. Und indem er sich nicht gewehrt hatte dagegen, nicht ein einziges Mal, hatte er seinen Vater doch bestärkt in der Annahme, er könne mit ihm, Kreutz, umspringen wie mit einem Hund, der das Stöckchen holte, das man ins Gelände warf. Das war offenbar der Rang, den Kreutz einnahm im Bewusstsein seines Vaters: Köter. Aber damit war jetzt Schluss! Der Köter Kreutz sprang nicht mehr! Nie mehr! Sollte doch der Vater jetzt denken über ihn, was der wollte. Und wie. Zu retten war hier ohnehin nichts mehr. Krampf, dachte Kreutz, nichts als Krampf. Seit Jahren schon. Seit Jahrzehnten. Es war, wie es war: vorbei. Und damit basta. Wie ein Sieger fühlte sich Kreutz dennoch nicht. Vielmehr hatte er das Gefühl, er sei ein Meer, in das ein Orkantief

hineinfetzt mit Windstärke 12. Also, auf seinem Drehstuhl sitzen bleiben konnte er nicht. Er musste umher-
laufen. In der Wohnung. Und natürlich rauchen. Drüben am Dachfenster in seiner Bibliothek. Plötzlich Stimmen. Die kamen aus dem Garten. Sein Vater und Mirko
Protz. Sehen konnte er die beiden nicht. Aber hören, was
da unten gesprochen wurde, konnte er schon. Vor allem
sein Vater sprach. Der sprach ja immer so laut, dass man
den Eindruck hatte, der müsse eine Rede halten vor 300
Menschen in einer Halle ganz ohne Mikrofon. Er frage
sich wirklich, hörte er seinen Vater sagen, warum der
Sohn nicht endlich das Haus übernehme. Und dabei sei er,
der Vater, doch auch nicht mehr der Jüngste. Lange genug
habe er geschuftet fürs Haus. Jetzt müssten eben die Kinder ran. Und die müssten auch mal was investieren. Aber
lieber hausten die Kinder in teuren Mietwohnungen oder
kauften sich Sportwagen mit 250 PS. Wenn das so weiter-
gehe, sehe er, der Vater, schwarz. Für das Haus. Das doch
schließlich das Elternhaus sei. Geschuftet und gebuckelt
und nicht gelebt 45 Jahre lang. Wofür? Damit die Kinder
später einmal etwas hätten, was solide sei. Ein Haus eben.
Und was sei? Die Kinder wollten das Haus nicht. Er, der
Vater, tue alles, opfere sich auf – doch was machten die
Kinder? Ließen den Vater im Stich. Vor allem der Sohn.
Das grenze schon an Verrat. So der Vater unten im Garten
zu Mirko Protz.
Kreutz schloss das Dachfenster, ballte die Faust. Am liebsten hätte er dem da unten was auf die grüne Mütze
gekotzt. Ihm war danach. Jetzt. Wie der ihn darstellte vor
diesem Mirko Protz! Wie der Vater ihn herabsetzte! Als
sei Kreutz ein Verbrecher, der gesteinigt werden muss!
Und dabei war es doch nicht seine Schuld, dass sich das
Verhältnis zwischen Vater und Sohn so entwickelt hatte,
wie es sich entwickelt hatte! Wer hatte denn Ignoranz

erhoben zur alles bestimmenden Familiendoktrin?! Kreutz doch nicht! Wie war das denn, als er und Evelinde noch Kinder waren?! Mit wem hatte der Vater hinten im Garten Federball gespielt? Mit Evelinde. Wer wurde, auch wenn kein Geburtstag war, mit Süßigkeiten und kleinen Geschenken bedacht? Evelinde. Wer erhielt Geld fürs Zeugnis, wenn die Noten stimmten? Evelinde. Wem hatte der den Führerschein bezahlt, das erste Auto sogar? Evelinde. Und heute: Wer wurde in ein teures Restaurant eingeladen zu Hirschragout mit Preiselbeerkompott? Evelinde. Wem kaufte er eine Kommode aus der Biedermeierzeit? Evelinde. Immer nur sie, sie, sie! Evelinde, Kind Nummer eins. Bei seinem Vater. Immer schon. Und immer noch. Und bis in alle Ewigkeit. Und was erhielt Kreutz? Nichts. Beziehungsweise Ignoranz oder dumme Sprüche. Was Beamte und Frösche gemeinsam hätten? Sitzen den ganzen Tag rum, quaken dummes Zeug und warten auf die Mücken. Ha-ha-ha. Und jetzt stellte der ihn noch als Judas hin! Ausgerechnet vor diesem Mirko Protz! Der das doch weitererzählte! Weitererzählen musste. Weil, wer hier wohnte, nicht für sich behalten konnte, was er von dem oder dem gehört hatte über den oder den. Schon heute Abend würde jeder im Ort, der es wissen wollte oder nicht, informiert sein darüber, was Kreutz doch für einer war: der Judas seines Vaters. Mein Gott.

Es reicht, dachte Kreutz. Das hier. Ende, aus, Feierabend. Aber du wirst nicht zur Spitzhacke greifen, dachte er. Auch die Armeepistole, DESERT EAGLE, Kaliber .44 Magnum, die in deinem Arbeitszimmer in einem Koffer aus Aluminium liegt, wirst du nicht brauchen. Du wirst diese Vatersohnschimäre anders lösen, dachte er. Viel pragmatischer. Also ohne diesen Showdowneffekt à la Hollywood. Das Einzige, was er brauchte: das Telefon. Und die Nummer von diesem Makler, der um die 30 war und bereits einen

JAGUAR fuhr. Vor drei, vier Wochen hatte sich Kreutz in Göttingen eine Wohnung angesehen. Einfach so. Neugierig geworden war er durch ein Inserat: Altbauvilla, 83 Quadratmeter, Parterre gelegen, hohe Räume, große Fenster, viel Licht. Dazu eine Terrasse, die von wuchtigen Bäumen und dichtem Buschwerk umgeben war. Mietzins: 495 Euro, warm. Das ging. Die Telefonnummer des Maklers hatte Kreutz noch. Zum Glück. Und rief den tatsächlich an. Erfuhr, dass die Wohnung noch zu haben sei. Kreutz: Er wolle sie. Der Makler: Dann bereite er die Verträge vor. Kreutz: Das solle er tun. Der Makler: Ob Kreutz zur Unterzeichnung der Verträge nach Göttingen komme. Kreutz: Ja. Der Makler: Wann? Kreutz: Nächste Woche. Ob ihm Montagmorgen recht sei. Der Makler: Montagmorgen, das passt. Zehn Uhr? fragte Kreutz. Zehn Uhr, sagte der Makler, notiert. Also dann, sagte Kreutz. Bis Montag, sagte der Makler, zehn Uhr.

Sobald das Gespräch beendet war, dachte Kreutz: Du hast es tatsächlich getan. Er begriff sich in diesem Augenblick selbst nicht. Diese Spontaneität war ihm neu. Noch nie in seinem Leben hatte er eine Entscheidung so radikal aus dem Bauch heraus getroffen. Hoffentlich rächte sich das nicht. Hoffentlich endete das nicht alles in einem Desaster. Aber schlimmer als das, was er hier erlebte, konnte das, was auf ihn zukommen würde, nicht sein. Fest stand: Hier gab es keine Lösung mehr. Zunächst. Hier gab es nur Krieg. Auch wenn nicht geschossen wurde. Niemand handgreiflich wurde. Kalter Krieg. Und Kreutz hatte die Schnauze voll von diesem Kalten Krieg. Er wollte keinen Kalten Krieg mehr. Was er wollte? Endlich Frieden. Seinen. Und der war nur dort zu finden, wo es einen Waldemar Kreutz nicht gab. Und also Tasche packen und ab. Wie seine Mutter, damals, als gar nichts mehr ging. Sich frei machen von um frei zu sein für. Auch wenn das aussah wie Fahnenflucht. War er eben ein Deserteur. In den Augen derer, die es nicht betraf. Nicht wussten, was tatsächlich war. Sollten sie ihn doch einen Verräter rufen! Sollten sie ihm doch nachbrüllen: Cornelius Kreutz, du bist der Judas deines Vaters! Sollten sie sich doch das Maul zerreißen über ihn, diese ach so lieben Nachbarn! Die immer nur die Vorderbühne sahen, nie aber das, was hinter der Bühne war. Und dabei ist die Hinterbühne das Wichtigste überhaupt! Vorderbühne ist Schein, Hinterbühne ist Sein. Kreutz hatte keine Lust mehr auf diesen Mimikryscheiß. Er hatte diese Hinterbühne hier satt. Vater Kreutz und Sohn Kreutz? Was für ein Quatsch! Sie waren nicht wie Vater und Sohn, eher wie Deutschland und Deutschland, als man noch koexistierte mit Mauer, Selbstschussanlage, Stacheldraht. Verwirkt war hier alles, was vielleicht irgendwann einmal wie Hoffnung war. Also? Weg von hier! Neue Lage, neuer Auftrag. Hatte er richtig entschieden? Er hatte. Fand er. Nein: Er war überzeugt davon.

8

Er hatte sie alle weggehobelt. Wie ein Berserker hatte er mit dem Rotstift gewütet. Fünf Tage hatte er dafür gebraucht. Jetzt aber lagen sie alle korrigiert und kommentiert auf seinem Schreibtisch: 94 Aufsätze. Darunter, wie üblich, viel Schamott. Texte zu lesen und zu korrigieren, die Pubertierende produziert hatten, junge Menschen fast ganz ohne jede existenzielle Lebenserfahrung, gehörte zu seinem Job. Dafür erhielt er Geld. Vom Staat. Auch wenn ihn diese Tätigkeit ankotzte. Weil sie nichts schaffte, nichts Neues hervorbrachte. Wie viele Stunden hatte er nur wieder zugebracht mit dieser stupiden Tätigkeit?! Stunden, in denen er nicht gelebt hatte! Stunden, von denen man also nichts hatte. Außer Frust. Und Rückenschmerzen. Wie oft hatte er in den letzten fünf Tagen gedacht: Lieber zehn Festmeter Brennholz spalten mit der Axt als diesen Textmüll lesen zu müssen Heft für Heft. Wieder hatte es einige Fünfen gehagelt. Zum Glück nicht so viele, dass er die Klassenarbeiten und Klausuren noch einmal hätte schreiben lassen müssen. Kreutz dachte: Wie wenige sich doch einigermaßen verständlich ausdrücken können. Ein Vergnügen, das zu lesen, war das nicht. Dass sich die jungen Menschen nicht mehr richtig ausdrücken konnten, lag, wie er vermutete, daran, dass zu Hause nicht mehr erzählt wurde. Auch nicht mehr gelesen wurde. Romane, zum Beispiel, oder Novellen. Selbst Gymnasiasten verbrachten doch mittlerweile mehr Zeit vor dem TV als mit Literatur. Lesen? Das ist für die düsteres Es-war-einmal. LAN-Partys feiern und Halligalli machen bis weit nach Mitternacht, das ist für die leuchtende Gegenwart. Dass man die heutzutage irgendwo antraf, ohne diese blödsinnigen i-pod-Stöpsel im Ohr, aus denen *ihre* Musik drang, kam so gut wie nicht mehr vor. Entweder liefen sie wie Eskapisten mit diesen Stöpselgeräten herum oder tippten so lange Tastenkombinationen auf ihren NOKIA-Handys, bis die Fingerkuppen bluteten. Einen Schüler oder eine Schülerin mit einem Buch in der Aula anzutreffen, lesend, ins Lesen vertieft, war genauso selten geworden wie ein Glück, das blieb. Würde er im Unterricht nicht zuweilen Kafka lesen lassen oder Hauptmann oder Eichendorff, gäbe es bald niemanden mehr, der noch wissen würde, wer Kafka war oder Hauptmann oder Eichendorff. So war das! Wenn er zu seinen Schülern in der Oberstufe sagte: »Lest doch mal was!«, grinsten die ihn nur gelangweilt an und sagten frech: »Bleiben Sie uns bloß weg mit Ihrer Literatur, Herr Kreutz! Wir haben uns, die Liebe, das Leben! Und dafür brauchen wir keinen Roman!«

Dass Kreutz aber auch Deutschlehrer hatte werden müssen! Lehrer überhaupt! Den schlimmsten aller nur wählbaren Berufe hatte er gewählt! Aber das Schönste oder Lächerlichste: Er machte auch noch weiter! Hielt fest an einem Beruf, der für ihn nur noch unbefriedigend war. Wie eine Figur aus *Warten auf Godot* kam er sich vor: Man malochte wie ein Stahlarbeiter zur besten Wirtschaftswunderzeit, doch im Ergebnis hatte man nichts. Auch nichts bewirkt. Wirkungen wurden ja nicht mehr durch Schule erzeugt, durch Unterricht, den Lehrer, der vor Kindern steht, jungen Menschen, sondern Wirkungen und also Lebenseinstellungen wurden erzeugt vom TV, von VIVA und MTV und wie die Sender alle hießen, in denen grell und schrill demonstriert wurde, wie das Ich-Design zu modellieren war in heutiger Zeit. Dass sich in dieser Ära der pausenlos erzeugten und erzeugbaren Geräusche- und Bilderspringflut noch jemand freiwillig für Kafka begeistern ließ, kam so gut wie nicht mehr vor, obschon Kreutz immer bemüht war, Kafka so zu vermitteln, dass jeder Oberstufenschüler spüren musste, dem Deutschlehrer Kreutz ist dieser Kafka wichtig, Literatur überhaupt. Selbst die größte produzierte Leidenschaft des Deutschlehrers Kreutz für Kafka oder Hauptmann oder Eichendorff reichte nicht mehr aus, auch nur einen einzigen jungen Menschen dazu zu bewegen, in die nächste Buchhandlung zu gehen, um sich einen Kafka, Hauptmann oder Eichendorff zu kaufen – und zu lesen. Um zu begreifen. Nämlich, dass das Leben doch ein bisschen mehr war als Halligalli, LAN-Party und *i-pod*-Stöpsel im Ohr. In solchen Phasen der persönlichen Niedergeschmettertheit dachte Kreutz dann tatsächlich: Er hätte es darauf ankommen lassen sollen. Im letzten Jahr. Nie war die Gelegenheit günstiger gewesen, aus dieser Tretmühle herauszukommen, als im letzten Jahr. Rezidivierende Depression. So hatte der Mann das genannt, der Facharzt war für Psychiatrie. Der hätte ihm schon ein entsprechendes Gutachten geschrieben. Aber nein, Kreutz, der Unbelehrbare, wollte es ja noch einmal wissen. Wollte wieder an den Start. Lehrer sein, Studienrat. Und also die ganze Frustscheiße wieder von vorn. Und noch einmal. Und schon wieder. Offenbar war Kreutz wirklich ein Masochist. Einer, der die Peitsche braucht, blutende Wunden, damit er sich fühlt. Und jetzt hatte er wieder den Salat: Hockte am Schreibtisch tagelang und hatte vom Leben nichts.

Früher, als er noch Bäcker war, ein junger Spund, hatte er wenigstens noch etwas geschaffen. Wer Bäcker ist, schafft was, jeden Tag. Dreitausend Brötchen oder fünfhundert Krapfen oder eine dreistöckige Hochzeitstorte mit Rosen aus Marzipan und einem Schokoladenpaar, das sich zärtlich umarmt und innig küsst. Aber als Lehrer?! Du gehst in deine Klasse, machst 45 Minuten deinen Job – und siehst nichts. Hast nichts. Nichts, das sichtbar wäre, greifbar, solid. Heute bringst du denen bei, dass die EU aus 27 Nationen besteht, und zwei Wochen später fragst du sie noch einmal danach und sie antworten dir: 19. So war das! Was eine Ellipse ist, wissen sie morgen noch und vielleicht auch noch übermorgen. Legt man ihnen einen Monat später eine Kurzgeschichte von Wolfgang Borchert vor, in der das wesentliche Stilmittel die Ellipse ist, sagen sie: »Ellipse? Nie gehört. Was soll das sein?« Solche Erfahrungen zermürben. Einen wie Kreutz, der doch sichtbare Erfolge brauchte wie die Nymphomanin den Schwanz. Und bedeutend werden konnte man mit dieser Tätigkeit auch nicht. Wer Lehrer war, war wie das Sandkörnchen am Strand. Also nichts Besonderes. Würde auch nie etwas Besonderes sein. Oder werden. Als Lehrer Größe erlangen? Herausragen aus dem Menscheneinheitsbrei? Monument werden der Zeit? Das gelang vielleicht, wenn man Schauspieler war. Oder Rockstar, Rennfahrer, Torwart, Terrorist. Oft verglich sich Kreutz mit einem Busfahrer. Der würde, sofern sein Bus nicht entführt wurde von einem Al-Qaida-Kommando, auch nie herausragen aus der Masse. Der fuhr Leute von hier nach da, sorgte dafür, dass sie wohlbehalten an ihrem Zielort ankamen, sodass es keine Klagen gab. Und Kreutz sorgte dafür, dass bestimmtes Wissen gelangte von hier nach da, vom Lehrbuch zum Beispiel in den Kopf des Kindes. Die wichtigste Haltestelle in seinem Beruf: Versetzung. Das endgültige Reiseziel: Abitur. Haltestellen erreichen, ohne dass es Klagen gab, von Müttern, Vätern, das war, was er tat. Kurzum: unspektakulär. Lehrersein war unspektakuläres Sein. Wie das eines Busfahrers eben. Fast eine Million Lehrer gab es in der Republik. Und? Hatte je einer Größe erlangt, war geworden Monument der Zeit? Nein. Kreutz aber wollte mehr. Wenn er etwas wollte, dann ins Licht. Immer schon. Und dann wachsen. Groß werden, größer, am größten. Licht werden, Licht sein, im Licht sein und bleiben – das war sein Ziel. Das aber nicht zu erreichen war, würde er immer nur Lehrer sein.

Kreutz hörte immer wieder von Bekannten oder Freunden, dass sie sich nicht vorstellen konnten, etwas anderes zu tun als das, was sie beruflich taten. Benedikt Neumann sprach so, sein Freund aus gemeinsamen Hochschulzeiten, und auch Ottmar Nebel hatte so gesprochen, als er noch bei FIAT war. Kreutz beneidete dann immer diese Menschen, die ihren Beruf als Berufung verstanden und ganz leidenschaftlich wurden, wenn sie davon sprachen, was denn ihre Berufung eigentlich war. Wenn Kreutz eine Vorstellung behagte, dann jene, nicht mehr sein Geld verdienen zu müssen mit einer Dienstleistung, die kein Kind wirklich verlangt. Zwar hörten sie ihm zu, wenn er ihnen etwas erzählte von Napoleon, Bismarck, Wilhelm zwo, die Schüler machten auch mit im Unterricht, meldeten sich, sagten was, lösten Aufgaben, die er ihnen zu lösen gab, sie lernten für ihre Arbeiten, schrieben ihre Arbeiten, freuten sich, wenn unter der Klausur 14 oder 13 oder 12 oder 11 Punkte stand. War die Arbeit geschrieben, war das Thema erledigt. Napoleon, Bismarck, Wilhelm zwo? Irrelevant für die, die seine Schüler waren. Einmal hatte Kreutz es tatsächlich gewagt, Schüler, die kurz vor dem Abitur standen, zu fragen: »Und, was habt ihr in diesen 13 Jahren fürs Leben gelernt?« Seine beste Schülerin, 19, nicht auf den Mund gefallen, Notendurchschnitt 1,2, meldet sich, sagt: »Nichts.« Sagt das knochentrocken, aber so, dass Kreutz sofort weiß, die meint das vollkommen ernst. Ein vernichtendes Urteil: nichts! Und die anderen Schüler nicken, stimmen also einer Erfahrung zu, die eine 19-Jährige ausdrückt in einem einzigen Wort: nichts. Das war es also: In der Schule lernte man für das Leben nichts. Oder man lernte schon was für das Leben, aber das hatte nichts mit

Unterricht zu tun. Oder das hatte schon was mit Unterricht zu tun, aber nichts mit dem Thema, das Gegenstand dieses Unterrichts war, die Bedeutung der Frau zum Beispiel in Schillers *Wilhelm Tell*. Und er, Kreutz, spielte weiter in diesem unendlichen Stück, das fast schon absurder war als Becketts *Warten auf Godot*. Aber was sollte er denn tun?! Aussteigen aus dem System, in dem das Nichts dominierte, Methode war, Fundament?! Quatsch! Wo, bitte, sollte er denn hin? Wer, bitte, wollte denn einen wie ihn noch haben?! Er war 44 und damit für die Marktwirtschaft bereits ein alter Mann. Humankapital, das nur noch Schrottwert hat. Also blieb er drin im System. Und existierte wie der Hamster im Rad. Drehte seine Runden. Tag für Tag. So gut es eben ging. Und legitimierte, solange er blieb, das Nichts, das seinen Job regierte wie ein absolutistischer Monarch. Und murrte nicht. Laut. Kein bisschen murrte Kreutz. Wozu auch?! Es brachte doch nichts. Ein. Außer Ärger. Das hieß den Zwang, sich rechtfertigen zu müssen für etwas, das doch ganz offensichtlich war: Schule produzierte, was das Leben betraf, nichts als heiße Luft. Ob die Kinder das, was er zu lehren hatte, fürs Leben brauchten oder nicht – was ging ihn das an. Er hatte schließlich die Richtlinien und Erlasse nicht gemacht. Ergo: Er, Kreutz, war für das, was da Tag für Tag produziert wurde an heißer Luft, nicht verantwortlich. Er war nur der Busfahrer. Basta. Beschwerte sich jemand, verwies er auf die Richtlinien, den entsprechenden Erlass. Oder auf die, deren Lebensaufgabe offenbar darin bestand, an weiteren Richtlinien oder Erlassen zu basteln wie an einer neuen Ideologie. Es war oft nur noch zum Schreien, der Lehrerjob und überhaupt. Aber Kreutz schrie nicht. Mehr. Das hatte er hinter sich. Nahm hin, was ohnehin nicht geändert werden konnte. Folge: Der Frust wurde Daseinskonstante Nummer eins. Wer anderes behauptete, log. Fand Kreutz. Aber zum Glück wurde dieser Frust vom Staat angemessen kompensiert. A 13, das war schon was, dachte er, für A 13 konnte man schon bei der Stange bleiben. Und Kreutz blieb bei der Stange. Weil anderes für ihn noch nicht vorstellbar war. Und weil er doch abhängig war von dem, was ihm der Staat Monat für Monat überwies. Auch Kreutz musste schließlich überleben. Und mit A 13 konnte man überleben. Selbst wenn man nur noch 12 oder 14 oder 16 Stunden gab, man konnte überleben. Und nur darum ging es doch: dass man überlebte. In diesem System, das sich Schule nennt.

Aber jetzt hatte er ja alle Klassenarbeiten und Klausuren vom Tisch. Ab jetzt hatte er Ferien. Beziehungsweise *unterrichtsfreie Zeit*, wie man das im Beamtendeutsch so nennt. Sechzehn Tage hatte er noch, sechzehn Tage Freiheit, das hieß: leben. Und schon gleich würde er damit beginnen: zu leben. Weil die Sonne heute angab wie noch nie, würde er gleich hinunterfahren an den Fluss, die Eder, dann wandern in den Wäldern ringsum – und den kleinen Henri nahm er mit. Abenteuer erleben, wie der Kleine immer sagte, das war es, wonach Kreutz sich jetzt sehnte wie ein frisch Verliebter auf den nächsten Kuss, Abenteuer erleben mit seinem kleinen Freund, dem fünfjährigen Jungen, Henri, Sabrinas und Ottmars Sohn. Und dieser Junge würde ihn auch morgen begleiten, wenn Kreutz nach Karlsruhe fuhr, um zwei Designstühle abzuholen, THONET, Modell S 320, die er vorgestern Abend noch günstig ersteigert hatte im Internet. Gleich also in die Wälder und an Fluss, morgen mit dem Jungen nach Karlsruhe, übermorgen mit dem ICE zu Evelinde nach Berlin – das waren so Perspektiven, die Kreutz jetzt brauchte, um nicht wieder zu verzweifeln an dem, was im Kern sein Leben war: Trott.

9

Kurz hinter Frankfurt steuerte er eine Raststätte an. Siebzig Minuten waren sie jetzt schon wieder unterwegs gewesen mit ihrem gemieteten Kleintransporter, der kleine Henri und er. Wenn es nach Kreutz gegangen wäre, wäre er die restlichen 140 Kilometer bis Berleburg nonstop durchgefahren. Aber er hatte ja den fünfjährigen Jungen dabei, und Kinder brauchen, wie er wusste, viel Bewegung an der frischen Luft. Also runter von der A 5 und rauf auf den Parkplatz der Raststätte *Wetterau*. Viel los war da nicht: drei Kleinwagen standen da, Opel, Toyota, Ford; dazu vier Limousinen mit Fahrrädern auf dem Dach und Wohnwagen hinten dran.
Kreutz und der Junge stiegen aus, Kreutz nahm den Rucksack mit, in dem sich Proviant befand, für ihn und den Jungen. Dann saßen sie da, Kreutz und der Junge, wie Vater und Sohn, aßen ihre Salamibrötchen, tranken Saft oder Kaffee, schauten in die Gegend, die jedoch nichts Besonderes zu bieten hatte: eine bewaldete Hügelkette im Westen, davor ein winziges Dorf mit Kirche, das war's.
Zum Glück gab's hier einen Spielplatz. Kreutz machte den Jungen darauf aufmerksam. »Wir bleiben also noch hier?«, fragte der Junge. »Ja«, sagte Kreutz. »Eine halbe Stunde?«, fragte der Junge. »Mindestens«, sagte Kreutz. Der Junge stand auf, ging zu einem Müllkübel, warf eine leere Safttüte hinein, hastete dann die Treppe hoch, die zum angrenzenden Spielplatz führte. Kreutz verstaute den Rucksack mit dem Proviant, folgte dem Jungen, setzte sich am Spielplatzrand auf eine Bank, von der die rote Farbe abblätterte, rauchte einen Zigarillo, sah dem Jungen zu, wie der im Klettergerüst herumturnte, sich hangelte von Seil zu Seil, dann eine Sprossenleiter erklomm,

um oben auf dem Holzturm zu stehen und zu jubeln wie General Wellington nach siegreicher Waterloo-Schlacht. Dann rutschte der Kleine auf der anderen Seite des Klettergerüsts auf einer Rutsche herunter, hatte aber offenbar zu viel Schwung, sodass er mit seinem Hintern hart auf den Sandboden prallte. Kreutz fürchtete schon, jetzt werde der Junge anfangen zu heulen. Aber Henri rieb sich nur die Pobacken, rief ihm dann zu: »Es ist alles in Ordnung, Onkel Cornelius, das tut auch gar nicht weh, ich muss auch gar nicht weinen, siehst du!« Kreutz atmete auf, nickte, und schon rannte der Kleine, als sei wirklich nichts passiert, kein Sturz, kein Schmerz, wie ein Kurzstreckenläufer hinüber zur Schaukel, dann zur Wippe und wieder zurück zum Kletterturm und so in einem fort. Kreutz konnte nur staunen: Wie viel Elan dieser Junge hatte! Und das Allererstaunlichste: Bei allem, was der tat, lachte der.

Zum Glück konnte auch Kreutz wieder lachen. Zum Beispiel über sein Leben, das er geführt hatte, bis es nicht mehr weiterging. 16 Monate war das jetzt her: Die Synapsen spinnen, der Körper zittert, alles aus. Biologie setzt Verstand schachmatt. Einfach so. Ohne Vorwarnung. Zack, hockst du auf dem Fliesenboden und heulst vor dich hin wie eine Frau, der ein Kind gestorben ist. Workaholic und Arbeitsmaschine und *Vorzeigestudienrat* Cornelius Kreutz? Vorbei. Plötzlich sozusagen. An einem Nachmittag im August um exakt 15 Uhr drei. Geschichte, dachte er jetzt. Er hatte sich ja wieder gefangen. Und war wieder im Rennen. Und konnte, weil er wieder im Rennen war, sogar lachen über das Leben, das er geführt hatte wie ein Besessener bis zu jenem Nachmittag im August 2005.

Wenn Kreutz so zurückdachte, konnte er sich nur noch wundern. Vor allem über sich selbst. Und was seitdem geworden war. Möglich geworden war. Seine Erkenntnis: Selbst wenn man krank war, ein psychisches Wrack, es war immer noch etwas möglich. Auch dass man wieder lachen konnte. Vor wenigen Monaten noch hatte er nicht lachen können. Da hatte er nur gedacht: Dein Leben als Mann ist vorbei. Zwei Mal Nervenzusammenbruch, zwei Mal durch die Hölle Depression. Er: im Zustand Fixundfertig. Atmend, aber tot. Wenn man nur noch dachte an Schuss und Schluss rund um die Uhr, weil anderes nicht mehr denkbar war, war es mit dem Lachen vorbei. Jetzt dachte er: gewesen. Nicht vergessen, das nicht, aber gewesen. Eine suppende Wunde in seiner Biografie.

Kreutz dachte jetzt: Er hatte scheitern müssen. Damals. An sich selbst. An den Erwartungen, die er meinte erfüllen zu müssen, weil er ja erzogen worden war nach der Doktrin: Du musst. Und: Ein Mann erfüllt seine Pflicht. Bis zu jenem Nachmittag im August hatte er ja auch reibungslos funktioniert. Er: eine Leistungsmaschine, die pausenlos brummt. Auf höchster Umdrehungszahl. Beziehungsweise: immer im roten Bereich. Leben? Fand nicht statt. Durfte nicht stattfinden. Er hatte zu arbeiten, Pflichten zu erfüllen, zu funktionieren, wie es die gesellschaftliche Norm verlangt. Hieß auch: verdrängen, hartnäckig, dass man das, was man lebt, nicht mehr leben will. Weil es kein Leben mehr ist. Wer funktionieren muss, wie es die gesellschaftliche Norm verlangt, hat für das wirkliche Leben keine Zeit. Weil man ja funktionieren muss. Bis Verdrängung nicht mehr greift, Lebenssehnsucht übermächtig wird, plötzlich auftrumpft in einem wie ein imperialistischer russischer Zar. Ist das der Fall, ist's mit dem Funktionieren vorbei. Es entsteht Reibung, die die Störung programmiert. Du-musst gegen Ich-will-nicht-mehr. Das ist der Kampf. Die Schlacht. Die geführt werden muss. In dir drin. Irgendwann dann der Schlag. Die Schlacht ist entschieden. Du-willst-nicht-mehr hat gesiegt. Gegen dich.

Dein altes Leben. Das jetzt ausgelebt ist. Und dann stehst du da mit nichts in der Hand. Und begreifst sie nicht, zunächst, diese Warnung deiner Biologie. Dieses Zeichen über den Zeichen. Dieses Hyperzeichen. Das du aber deuten musst. Verstehen. Das braucht Zeit. Und Hilfe. Von außen. Also Psychiatrie. Das therapeutische Ziel: Erkennen. Aber vor dem Erkennen steht: Leiden. Leiden gebiert Erkennen. Zum Beispiel: Dass es ein Wahnsinn ist, das Leben ausschließlich unterzuordnen der Funktion. Kreutz hatte erlebt, was es heißt, das Leben ausschließlich unterzuordnen der Funktion. Und war daran zerbrochen. Als Lehrer. Im August 2005. Hatte daran zerbrechen müssen. Weil das, was man wirklich will, sich nicht täuschen lässt von dem, was man nur zu wollen meint. Seine Krankheit hatte ihn enttäuscht. Seitdem ihm passiert war, was ihm passieren musste, definierte er sein Leben nicht mehr über zwölf Stunden Arbeit pro Tag oder Aktienpakete bei der Deutschen Bank. Leben jetzt? Genießen, Zeit. Sooft es eben ging. Zum Beispiel: sitzen auf einer verwitterten roten Bank aus Holz an der A 5 zwischen Frankfurt und Gießener Kreuz. Der Kopf ist frei von jeder Aufgabe, jeder Pflicht. Es ist Sonntag. Die Aprilsonne scheint, es ist angenehm warm, Temperaturen um 22 Grad, da vorne der Junge, Henri, der spielt, und er, Kreutz, der sich freut, weil der Junge sich freut, wenn er spielt. Kreutz meinte, es mittlerweile begriffen zu haben, das Leben und überhaupt. Geholfen dabei hatte ihm der Junge. Wäre der nicht gewesen, dachte er, er, Kreutz, wäre doch heute nicht mehr, läge längst als Asche in irgendeinem Loch. Nicht mehr als Ende sah er sich seitdem, sondern als Anfang. Mit einem noch unbestimmten Ziel. Er war auf dem Weg. Und nur das zählte für ihn: dass er wieder auf dem Weg war. Und ging. Vorwärts und mit festem Tritt. Und je länger er ging, hoffte er, desto näher würde er dem kommen, der er eigentlich war. Oder sein musste. Gemäß Schöpfungsplan. Ja, er war wieder auf dem Weg, dachte Kreutz und nickte, nickte sich gleichsam selbst zu und schaute hinüber zu dem Jungen, der jetzt auf der Schaukel saß. Kreutz winkte dem Jungen zu und der Junge rief: »Schau, Onkel Cornelius, wie hoch ich schon schaukeln kann!« Kreutz rief warnend zurück: »Übertreib's nicht, Henri, sonst stürzt du noch ab!« Der Junge lachte bloß sein kindlich helles Lachen und schaukelte weiter, dass Kreutz schon befürchtete, der Junge werde sich gleich überschlagen. Aber der Junge überschlug sich nicht.

Kreutz drückte seinen Zigarillo aus, sah dem Jungen zu, dachte an den 3. März. Ein Tag des Siegs. Für ihn. Nie würde er diesen Tag, dieses Datum vergessen. Morgens um zwanzig nach neun hatte es an der Haustür geklingelt, die blonde Postbotin hatte ein Päckchen für ihn. Absender: sein Verlag. Oben in seiner Dachgeschosswohnung hatte er mit einem alten Teppichcutter das Klebeband vom Päckchen entfernt, dann das in Plastikfolie eingewickelte Bündel herausgeholt, das darin lag – und sich gefreut. Sein erster Roman, gedruckt, gebunden, lag endlich vor als haptisches Produkt. Und vorne auf dem Cover: sein Name. Mein Gott, was war das für ein Gefühl gewesen! Wie wenn man abhebt. Schwebt. Davon. Um nie mehr zu landen. Hatte er sich je so leicht und zugleich so stark gefühlt? Er wusste es nicht. Was er wusste: Er hatte es vollbracht. Sein Werk. Unglaublich! Kreutz schüttelte auch jetzt noch unwillkürlich den Kopf, wenn er daran dachte, wie sich das alles entwickelt hatte. Geworden war. Kurz nach seinem zweiten Zusammenbruch war das gewesen im letzten Jahr: er, krankgeschrieben bis auf Weiteres, in seiner Wohnung im Dachgeschoss, schaltete den PC ein, dann ging's los: Gefühl, wie wenn ein Damm bricht, wie wenn alle Dämme brechen. Er musste nur noch tippen.

Am PC sitzen und tippen. Nicht er hatte geschrieben, fand er, etwas hatte ihn geschrieben. Wie wenn schon alles vorhanden gewesen wäre in ihm, um sich jetzt zu materialisieren in Wörter, Sätze, Text. Wurde, je länger er schrieb, Form, wurde schließlich Roman. Wenn ihm Sätze gelungen waren, denen er zustimmen konnte: Das war gewesen, wie wenn man Sperma in eine Vulva spritzt. Also ein Genuss. Und eine Erleichterung. Auch eine Genugtuung. Jeder Satz, der blieb, ein Sieg gegen seine Krankheit, deren Diagnose lautete: rezidivierende Depression. Ein bisschen war er sich vorgekommen dabei wie Gott. Er, Kreutz, hatte etwas geschaffen. Erschaffen. Etwas, das es vorher noch nicht gab. Hatte der Welt also etwas hinzugefügt: sich. Beziehungsweise Literatur. Offenbar war er reif gewesen für diese Tat. Er hatte, was er getan hatte, tun müssen. Also war sein Tun ein notwendiges Tun. Und was notwendig ist, dachte Kreutz, ist sinnvoll. Sonst hätte der Roman ja unterbleiben müssen. Er war aber nicht unterblieben. Also? Sein Tun: sinnvoll. Geschworen hatte er sich an diesem 3. März: weitermachen. Mit dem, was sinnvoll ist. Das hieß für ihn: etwas schaffen, das es noch nicht gibt. Und an diesem Schaffen wachsen. Werden und wachsen, indem man schafft. Neues. Wachsen an sich selbst. Und an dem, was sich ergibt aus diesem Selbst. Wörter zum Beispiel, Sätze, Text. Ja, durfte er denn nicht ein bisschen stolz sein auf sich selbst?! Ja, durfte er. War er ja auch. An dem Tag, als die blonde Postbotin dieses Päckchen brachte, hatte er zum Bild seiner verstorbenen Großmutter hinübergeblickt, das eingerahmt stand in Schwarzweiß auf seinem Fensterbrett, gedacht: Dein Enkel hat es geschafft. Sobald er an der Maschine gesessen hatte, hatte er immer das unbestimmte Gefühl gehabt, seine Großmutter Karoline schaue ihm zu bei dem, was er tat. Sozusagen unter ihren Augen war sein erster Roman entstanden. Und unter ihren

Augen hatte er das Päckchen geöffnet vom Verlag. Und vor ihren Augen hatte er die Fäuste geballt wie damals Boris Becker in Wimbledon und sich gefreut über diesen Sieg, den er vor allem errungen hatte über sich selbst. Mit diesem Produkt hatte er doch bewiesen, dass mit ihm noch zu rechnen war! Da, schaut her, hätte er an diesem Tag am liebsten geschrien, schaut her, zu was einer noch imstande ist, wenn man ihn nur lässt! Dass ihm das gelingen würde, dass er, der Zusammengebrochene, je wieder auf die Beine kommen würde, daran hatte doch keiner wirklich ernst-haft geglaubt. Das Erste, was ihm sein Vater sagte, nach-dem es ihn, Kreutz, erwischt hatte: »Vorbei.« Damit hatte der Kreutz' Karriere im Schuldienst gemeint. Auch seine Mutter hatte gemeint: vorbei. Seine Schwester Evelinde: vorbei. Ottmar Nebel und Sabrina: vorbei. Seine Chefin, Frau Oberstudiendirektorin Amelie Kraft: vorbei. Aber dann das Schreiben, der Roman, der, wie Kreutz fand, not-wendige Bedingung gewesen war für das, was jetzt war: ein Kreutz, der fast wieder arbeitete wie jedermann, Geld verdiente wie jedermann, lachen konnte wie jedermann, auch über sich selbst beziehungsweise über das Leben, das er manisch geführt hatte bis zu jenem Nachmittag im August, als gar nichts mehr ging. Man darf eben nichts für unmöglich halten, dachte Kreutz. Am allerwenigsten das Unmögliche selbst.

Unten auf dem Raststättenparkplatz fuhr jetzt ein gro-ßer schwarzer BMW vor. Eine Limousine, 7er-Baureihe, wie Kreutz wusste. Das neueste Modell. Darin, wie Kreutz erkannte, nur eine Person, männlich, mit Hut. Der Mann stieg aus, lief dann auf und ab wie jemand, der nachdenken muss. Kreutz musste den Mann beobachten. Er konnte gar nicht anders. Der hatte etwas an sich, das Kreutz sofort in den Bann zog. Das kennt man ja: Auch wenn man eigent-lich gar nicht hinschauen will, zum Beispiel in ein junges Mädchengesicht, in dem die Aknepusteln sprießen wie Wiesenschaumkraut im Mai, man kann gar nicht anders, das ist wie ein Zwang, man muss doch einfach immer wieder einmal hinschauen. Also, wie der Kerl da unten ging! Wie sein Vater! Aber ja doch, ja! Und der da unten ging auch nicht, nein, der stolzierte! Wie einer, der sich größer vorkommt, als er tatsächlich ist. Also erhaben wirkend. Oder wirken wollend. Wie wenn der sich präsentieren wollte vor irgendeiner imaginären Weltkulisse. Von der Statur her ein Kerl wie Bismarck: groß, kräftig, Schultern wie ein Ringer. Braun gebrannt das Gesicht. Die Kleidung offenbar vom Feinsten, grauer Anzug plus Weste, dazu eine Krawatte, schwarzweiß gestreift. Den leichten Mantel trug der offen. Und über allem noch dieser Hut. Kreutz dachte sofort: Texas. Ein Mann um die 60, wie Kreutz schätzte. Ein feiner Herr, durchaus. Oder ein Mann, der ein feiner Herr sein wollte. Als feiner Herr gesehen werden wollte. Kreutz erinnerte sich, während er den Mann beobachtete, an die Worte seiner Mutter. Die hatte noch vor kurzem zu ihm gesagt: »Wenn ich an deinen Vater denke, sehe ich nicht etwa einen Mann vor mir, sondern ein Mädchen.« Warum sie ihn, Waldemar Kreutz, als Mädchen bezeichne, hatte er einmal gefragt. Seine Mutter war von ihrem Küchenstuhl aufgesprungen und hatte lachend gesagt: »So, und jetzt pass einmal auf!« Und dann hatte sie ihm vorführen müssen, wie sein Vater geht: Rücken künstlich gerade, so als sitze anstelle der Wirbelsäule ein Stock, der Kopf ist nach oben gereckt wie bei einer Amsel, die von einem Ast, der über ihr hängt, eine Beere pflückt, die Brust leicht vorgewölbt wie bei einem, der einen Orden erhält, dann war die Mutter mit kleinen Schritten, trippelnd fast, von der Küche in den Flur gegangen und wieder zurück, dabei den Kopf wie in Zeitlupe immer abwechselnd drehend mal nach links, mal nach rechts, als ob Volk Spalier stünde und der Fürst schreite andächtig vorbei. Manchmal, wenn Waldemar Kreutz so stolziert sei, habe der auch schon mal die Hände auf dem Rücken verschränkt wie ein Oberlehrer, der seine Schüler überprüft. »So ist der gegangen, damals, durch die Stadt oder ums Haus«, hatte seine Mutter nach ihrer Waldemar-Kreutz-Vorführung gesagt. Wenn sie seinen Vater beobachtet habe bei seinem Gang, habe sie immer denken müssen: Der geht nicht wie ein richtiger Kerl, der geht wie ein Mädchen, das sich präsentiert. Und dieser feine Herr da unten auf dem Parkplatz ging oder stolzierte, wie die Mutter ging oder stolzierte, wenn sie den Gang ihres Exmannes imitierte. Und der feine Herr da unten bemerkt vor lauter Selbstvergessenheit auch nicht, wie jetzt von links eine Horde junger Männer kommt. Aus der Raststätte kommen die. Ein wüster Haufen, alle um die zwanzig, wie Kreutz schätzte. Und keine einzige Frau dabei. Neun Burschen konnte Kreutz zählen. Und alle tragen sie die gleichen schwarzen Bomberjacken, in denen jeder Bursche wirkt wie aufgepumpt. Dazu Bluejeans plus Militärstiefel in Schwarz. Entweder hatten die gar keine Haare auf dem Kopf oder eine Stoppelfrisur wie ein abgemähtes Roggenfeld. Grölend kommen die heran. Skinheads, wie man sie kennt vom Klischee. Aber nicht saufend. Nur ausgelassen sind die. Foppen sich ein bisschen, boxen sich abwechselnd gegen die Rippen, einer nimmt den anderen in den Schwitzkasten, lässt den aber gleich wieder frei. Es ist, so wirkt es, alles nur ein Spaß. Und da vorne, nicht weit entfernt vom Feinen-BMW, stehen offenbar ihre Autos, Opel, Toyota, Ford, ältere Modelle, die Karosserien verbeult, die Stoßstangen verrostet, am Toyota ist ein Bremslicht kaputt. Die Burschen wollen, das sieht man sofort, nur noch weg von diesem Parkplatz, der wie ein Friedhof wirkt. Aber so schnell sind die dann doch nicht weg. Einer brüllt nämlich plötzlich etwas in die Richtung, in der der Feine steht. Was es da zu glotzen gebe! hörte Kreutz den Kahlgeschorenen brüllen. Der droht dem Feinen mit der ausgestreckten Faust. Der Feine mit Hut schaut rasch weg, schaut hinüber zum Dorf mit Kirche – aber zu spät. Irgendetwas hat der Feine da unten falsch gemacht. Denn jetzt kommt die ganze Männerhorde heran. Im Laufschritt sozusagen. Und schon ist der Feine umringt. Kreutz dachte sofort: Jetzt wird's eng. Er wusste: Machten die Skinheads ernst, konnte das für den Feinen nicht gut ausgehen. Neun gegen einen – da hat man keine Chance. Kreutz blieb in Deckung dieses gelb blühenden Gesträuchs, schaute zu. Dass der Feine Hilfe brauchen würde, wenn es zur Sache ging, war klar. 110 anrufen? Aber es war doch noch gar nichts passiert! Außerdem lag sein Handy in diesem gemieteten Kleintransporter, der immerhin zwanzig Meter weit weg da unten auf dem Parkplatz stand. Sich zeigen und da runtergehen und zum Feinen hin? Unmöglich! Kreutz hatte doch Verantwortung für den Jungen! Hier jetzt den Helden zu spielen, war dumm. Fand Kreutz. Außerdem hatte er auch gar keine Lust, den Helden zu spielen. Damals, als er noch jung gewesen war, Soldat einer Kampfkompanie, da hätte er den Helden gespielt. Aber jetzt?! Mit 44?! Also hinterm wild wuchernden Gebüsch bleiben und abwarten, was sich vollzog. Das war vielleicht nicht das moralisch Gebotene, aber das Sicherste war es auf jeden Fall.

Mit der flachen Hand fegt jetzt einer der Burschen dem Feinen den Hut vom Kopf. Der Hut kreiselt auf dem Asphalt wie eine Münze, die man hochkant zwischen Daumen und Zeigefinger nimmt und auf der Tischplatte dreht. Ein zweiter Bursche hin zum Hut, hebt das rechte Bein, wie wenn er eine hohe Treppenstufe nehmen will, das Bein schnellt herab, trifft den Hut, der Hut ist platt.

Gegröle, Gelächter, die Jungs klatschen in die Hände, als sei ihnen etwas besonders Großartiges gelungen. Nach dem Hut kommt der Feine dran. Der wird jetzt ein bisschen geschubst. Das gehört offenbar dazu, ist Ritual, das nur begreift, wer Teil dieser Truppe ist. Jeder Bursche will den Feinen wenigstens ein Mal schubsen. Damit jeder drankommt, muss man den Feinen immer ein bisschen drehen, wie man das kennt vom Kinderspiel *Blindekuh*. Doch wie jedes Spiel, wenn es zu lange währt, wird auch dieses Spiel irgendwann fad. Also was Neues. Der Feine, das wissen die Burschen genau, läuft ja nicht weg. Kann er auch nicht. Mitspielen muss der Feine, ob er will oder nicht. Jetzt fasst den einer am Mantelkragen, zieht ihn dicht zu sich heran, sagt dem was, was Kreutz jedoch nicht hören kann. Dann spuckt ein Bursche vor dem Feinen aus. Der Feine schaut zu Boden. Schüttelt den Kopf. Ein Bursche streckt den Zeigefinger, zeigt nach unten, dahin, wo die Speichelpfütze glänzt im Aprilsonnenlicht. Noch immer schüttelt der Feine den Kopf. Aber das nützt ihm nichts. Wie wenn der ein Karnickel wäre, das man gleich schlachten will, wird der Feine am Genick gepackt. Der Feine zuckt zusammen, das Gesicht jetzt verzerrt wie im Schmerz. Der Feine geht in die Knie, hockt auf allen vieren wie ein Weib, das putzen will. Ein Bursche setzt sich auf den Rücken des Feinen, als wäre der jetzt ein Pferd. Der Kopf des Feinen wird bodenwärts gedrückt. Wieder Gegröle aus weit aufgerissenen Burschenhälsen. Das Gesicht des Feinen jetzt dicht über der Speichelpfütze. Da öffnet der den Mund; hervorlugt, wie die Eichelspitze aus schützender Vorhaut, seine Zunge. Fünf Mal muss der Feine sie führen über den speichelnassen Asphalt. Dann haben die Burschen offenbar genug. Einer wirft den Feinen noch rasch um, sodass der jetzt auf der Seite liegt. Dann ein Pfiff, das Zeichen zum Rückzug, im Laufschritt geht's zu Opel, Toyota und Ford,

Türen auf, Burschen rein, Türen zu, Motoren jaulen auf, mit quietschenden Reifen und wildem Gehupe davon.

Kreutz stand hinterm gelb blühenden Gesträuch wie dazugepflanzt. Schaute mitleidlos auf den, der da unten am Boden lag. Ziemlich erbärmlich sah der jetzt aus. Auch ein bisschen lächerlich. Ein so feiner Herr und lag im Dreck! Das war schon ein komisches Bild. Fand Kreutz. Und bemerkte jetzt welche, die sich näherten aus der Richtung, in der die Raststätte lag. Sobald die Kleinwagen der Skins nicht mehr zu sehen waren, rannten die. Einige Frauen dabei, auch ein Kind, Männer, ältere, vier. Die hatten offenbar das Gleiche beobachtet wie Kreutz. Und die Polizei alarmiert. Die fuhr nämlich jetzt auch schon vor. Ohne Blaulicht und Martinshorn. Aus zwei Streifenwagen stiegen jeweils zwei Polizisten. Ein ziemlicher Tumult jetzt da unten. Jeder will dem Gestürzten helfen, dass der wieder auf die Beine kommt. Ein kleines Mädchen mit blondem Zopf holt und bringt und reicht dem Feinen den Hut. Die vier Polizisten zücken Blöcke, ihren Stift, wollen offenbar von jedem genau wissen, wie es gewesen ist. Weil sich nichts mehr ereignete, das ein weiteres Zuschauen gelohnt hätte, weil im Grunde genommen auch gar nichts wirklich Schlimmes passiert war, weil doch alles noch einmal und Gott sei Dank glimpflich ausgegangen war – der Feine war schließlich kein bisschen verletzt -, konnte sich auch Kreutz wieder aus seiner Deckung lösen, ging aber nicht, weil es doch genug Zeugen dieses Vorfalls gab, hinunter auf den Parkplatz zu Polizei und herbeigeranntem Volk, sondern zu dem Jungen, der wieder am Klettergerüst hing, sich hangelte von Sprosse zu Sprosse, von Seil zu Seil, und dabei, wie üblich, lachte, sein helles, unbekümmertes Kinderlachen.

10

Ihm fiel automatisch das Wort *Stempel* ein, als er die Oberschenkel der Frau betrachtete, die ihm im ICE-Abteil schräg gegenübersaß. Das Wort *Stempel* hatte seine Mutter tradiert. Und die hatte den Begriff wieder von ihrer Mutter, Kreutz' Großmutter Karoline, gelernt. Die war ja mit einem Bergmann verheiratet gewesen. Und der hatte offenbar dieses Wort, das in der Sprache der Bergleute zunächst nichts anderes bedeutete als *Holzstütze eines Grubenstollens*, vom Pütt mit in die Familie gebracht, wo es dann im Laufe der Zeit diese andere Bedeutung angenommen hatte, nämlich *Stempel* als Bezeichnung der massigen Oberschenkel einer Frau. Und die, die ihm da im Zugabteil schräg gegenübersaß, hatte solche Stempel. Vielleicht, dachte Kreutz, war die Kraftsportlerin, Disziplin Gewichtheben. Oder Leichtathletin, Kugelstoßen vielleicht oder Diskuswerfen. Im Ganzen adipös war die nämlich nicht. Also kein über den Hosenbund quillender Wanst. Ein ziemlich helles, blasses Gesicht, ein Gesicht, das offenbar nie die Sonne sah, aber pickellos. Dazu dichtes blondes Haar, eine Lockenflut, wie man das von Engelbildern her kennt. Dass die las, also nicht sah, wie er sie ansah, behagte ihm. So konnte er wenigstens glotzen wie hypnotisiert. Auf diese Brüste, die die Lesende unter ihrer schwarzen Bluse trug. Körbchengröße D, dachte Kreutz, mindestens. Diese Brüste fielen schon auf. Dem, der es gewohnt war, eine Frau zunächst wahrzunehmen über die Brust. Albert Camus las die, wie er feststellte, *Der Fremde*, hatte Kreutz auch schon gelesen. Obschon er das Bild schön fand – blonde Frau liest weltvergessen Camus -, hatte er nur noch Augen für diese nichts als gewaltige Brust. Tittenfetischist, dachte er.

Aber ja doch, ja! Frauen, die er sich auswählte für seinen Erguss, wählte er immer nach der Größe ihrer Brüste aus. Groß mussten sie sein, größer, am größten. Hatte er große Brüste in der Hand, war er doch der glücklichste Mensch auf der Welt. Eine einzige Männerhand, das sah Kreutz sofort, reichte für die Brust der Lesenden nicht aus. Diese Frauenbrüste verlangten nach mehr. Da musste ein Mann schon vier Hände haben oder sechs, um mit diesen Dingern fertig zu werden.

Je länger er auf die Lesende stierte beziehungsweise auf deren Brust, desto gleißender, geschmackloser, also pornografischer wurden die Bilder, die die mobilisierte in ihm. Zum Beispiel: Er auf ihr und sein Glied zwischen diesen Brüsten und sie presst ihre Brüste zusammen, damit sein Glied auch ordentlich Reibung verspürt, und er bewegt sich vor und zurück, wie ein Automat, und sie schaut zu mit leicht geöffnetem Mund, wie er sich zwischen ihren Brüsten bewegt wie ein Automat immer vor und zurück und …

Mein Gott, Kreutz, du Sau!

Er musste sich zwingen, von der wegzusehen. Das war ja schon sittenwidrig, wie er dieser Lesenden auf die Titten stierte. Als ob er das nötig gehabt hätte! Aber er hatte es doch nötig! Immer noch. So eine wie die da hatte er nötig! Aber wie! Am liebsten jetzt! Hier und sofort! Und von ihm aus auch vor allen Leuten, die wie er hier saßen in diesem ICE-Waggon! Hauptsache, dieser Druck war weg! Da, wo der Hodensack hing in seinem Gefängnis aus nichts als derbem Stoff. Das hielt doch kein Mann aus! Der Mann will oder muss und dann sitzt dem so eine schräg gegenüber im Zugabteil! Da musste man doch auf solche Gedanken kommen! Wäre er in Berlin bei einer gewesen, die es einem Mann machte gegen Geld, dann müsste er jetzt nicht so schmachtend hinstieren auf diese fremde weibliche Brust. 62 Stunden war er in Berlin gewesen und da nicht ein einziges Mal in einem Bordell. Seiner Schwester zuliebe. Dass er zu solchen Frauen ging, wusste sie ja. Aber Verständnis für seine Neigung zeigte sie nicht. Er, ein gebildeter Mann, wohl wissend, dass AIDS sich wie eine Seuche durch die Menschheit frisst, und rennt zu so welchen hin! Das sei doch nicht normal. Evelinde moralisierte nicht, wenn sie sprachen über Sexualität. Sie kam ihm auch nicht mit Gott, Sünde, Jüngstem Gericht. Aber angenehm, das spürte Kreutz jedes Mal, war ihr das nicht, einen Bruder zu haben, der zu Huren ging. Aber in Berlin war er ja zu keiner gegangen. Er hatte Charakter gezeigt, Stärke, Willenskraft, und das rechnete er sich jetzt hoch an. Statt zu so einer hin am *Bahnhof Zoo*, hatte er sich zwei Tage lang schleifen lassen durch diese nichts als laute und zugebaute und dreckige Stadt. Evelindes Plan? Dass er endlich einmal kennen lerne *ihr* Berlin, *Kulturhauptstadt der Nation*. Diese Sehenswürdigkeit musste sie ihm zeigen und jene und das und das und das. Mein Gott! Wie ein japanischer Tourist war er sich vorgekommen! Obschon: Fotografiert hatte er nichts. Bauwerke oder Kunstwerke zu fotografieren, nur um später dem oder dem zeigen zu können, dass er dann oder dann da oder da gewesen sei, brachte ihm nichts. Amseleigroße Wasserblasen hatte er sich gelaufen bei dieser Tour. Die hatte er sich gestern Abend noch aufgestochen. Mit seinem alten Schweizer Taschenmesser. Den Schmerz der Wunden unter den Fußballen rechts und links spürte er immer noch. Berlin, dachte er jetzt, war anstrengend. Nicht seine Schwester, mit der kam er ja klar, aber das Programm, das sie ihm aufgeladen hatte wie einen Sack Zement. Die Stationen, die man später abhaken konnte wie Positionen auf einem Lieferschein: Schloss Charlottenburg, Dorotheenstädtischer Friedhof, Zitadelle Spandau, Nicolaiviertel,

Bendlerblock, diese Kirche, jene und dann noch eine und noch eine und zum Schluss die Krönung – Judenmahnmal samt *Ort der Information*. Das hatte er davon, dass er seiner Schwester gefolgt war quer durch *ihr* Berlin. Verpflichtet gewesen, sich das anzuschauen, wie Deutsche gewütet hatten, war er nicht. Die Schwester aber drängte, wollte sehen und wissen, was und wie es gewesen ist. Und er also mit, obschon er lieber in der Sonne gesessen hätte in einem Straßencafé bei Cappuccino und frischen Croissants. Unbekannt war ihm das Thema ja nicht. Schließlich hatte er studiert, war Geschichtslehrer an einem Gymnasium. Er hatte schon eine Vorstellung davon, wie sie sich aufgeführt hatten damals in Auschwitz, Belzec, Sobibor. Auch hatte er Filme gesehen, die dokumentierten, wie es gewesen ist. Filme, in denen gezeigt wurde, wie jemand, der Jude ist, gleich sterben wird, Filme in Schwarzweiß, oft mit verwackeltem Bild und ohne Ton: Wie sie da stehen, Männer in gestreiften Anzügen und mit diesem Stern auf der Brust, kahl geschoren, blass, dürr, zitternd, vor Angst oder vor Kälte, weil Winter ist; dann ein Schuss aus einer Pistole, einem Gewehr; dann fällt der Judenkörper nach hinten weg in ein großes Grab, in dem schon viele andere liegen, Juden, die ausgemergelt sind, kahl geschoren und blass; sie liegen, wie sie fallen, Körperpositionen, die sich ergeben rein zufällig, Kopf nach oben oder Kopf nach unten, die Arme oder Beine so oder so, und so geht das weiter und weiter, immer wieder kommt einer dran, ein Schuss, ein Körper, der nach hinten fällt, liegt, wie er gefallen ist, die Leiberhalde wächst und wächst, und ein Ende gibt es nicht.

Später, als sie gesehen hatten, Evelinde und er, was diese Ausstellung zeigt am *Ort der Information*, hatten sie draußen auf einer Stele gesessen und Evelinde hatte geweint. Danach geredet miteinander hatten sie nicht. Mussten sie auch nicht. Was eindeutig war, ließ sich, indem man darüber sprach, nicht noch eindeutiger machen. Eine Wirkung, die spürbar geworden war, ließ sich in ihrer Spürbarkeit nicht dadurch verstärken, dass man versuchte, Erklärungen zu finden für etwas, das, menschlich gesehen, unerklärbar war, also barbarisch. Viele andere, die ebenfalls gesehen hatten, wie es gewesen war, weinten auch, Frauen zumal, die draußen standen, allein oder in Gruppen, oder auf Stelen saßen wie sie, Evelinde und Kreutz. Andere weinten nicht, Männer zumal, saßen nur da, schweigend, schauten in den hellen Himmel oder vor sich hin wie jemand, der im Wachkoma liegt. Niemand, der da rausgekommen war, hatte gelacht. Das hatte Kreutz registriert. Alle, die da rausgekommen waren, hatten, nachdem sie gesehen hatten, wie es gewesen war, nachher kein Gesicht mehr, das zur Jahreszeit passte, die herrschte, Frühling eben. Mit den Menschen, die diese Gesichter zeigten, war offenbar etwas passiert. Da hatte etwas gewirkt. Auch Kreutz, wie er sich jetzt eingestehen musste, war ja nicht mehr der gewesen, der er gewesen war, bevor er durch diese Ausstellung gegangen war. Nicht betroffen hatte er sich gefühlt, sondern berührt. Das erste Mal. Von Geschichte. Eine einzige Fotografie – mehr hatte es nicht gebraucht, um ihn zu berühren an einer Stelle, die nicht beherrscht wird durch den Verstand. Das Foto schwarzweiß, wie es damals üblich war, auch nicht gestochen scharf, aber immerhin erkennbar, was wesentlich ist: ein Junge wie der kleine Henri, Sabrinas Sohn. Dieser Junge sieht auf eine Frau, die offenbar die Mutter ist. Die Mutter liegt auf dem Rücken. Im Dreck. Ist tot. Ein Loch rechts in der Stirn. Daraus fließt Blut. Neben der Mutter der kleine Junge, der offenbar nicht begreifen kann, warum die Mutter nicht mehr ist. Und ihm, dem Kleinen, der doch die Hilfe der Mutter braucht, gar nicht mehr helfen kann. Der Junge weint. Das sieht man dem kleinen Gesichtchen an. Doch das Weinen hilft dem Jungen nicht. Weil dem Jungen gar nichts mehr hilft. Weil schon der Uniformierte da steht, die Pistole hält, zielt. Auf den Jungen. Auf seinen Kopf. Damit der möglichst rasch seiner Mutter folgt, die da im Dreck liegt mit diesem Loch in der Stirn. Ein kleiner Junge, höchstens fünf oder sechs Jahre alt, mit dunklem Haar, der eine Strickweste trägt, darunter ein Hemd, das bis zum Kragen zugeknöpft ist, keine Schuhe, eine Stoffhose mit Riss in der Höhe, in der die Kniescheibe sitzt. Und dieser Junge steht da und schaut und weint und sieht die Pistole nicht, die der Uniformierte hält und mit der er gleich schießt, damit der Junge der Mutter folgt, dahin, wo man keine Strickweste mehr braucht und auch keine Hose mit Riss in der Höhe, in der die Kniescheibe sitzt. Und Kreutz hatte nur gedacht: schlimm. Diese Situation. Wenn man ein Kind hat. Und dem Kind nicht helfen kann. Nichts tun kann. Nur hoffen vielleicht. Und beten. Dass es schnell geht. Hinüber zu Gott. Schuss in den Kopf und Schluss. Und später, als man wieder draußen war und auf einer dieser Stelen saß, Evelinde und er, hatte er gedacht: Du musst, steigst du in die Geschichte hinab, in die Geschichte hinabsteigen mit dem Bild von einem Menschen, den du liebst. Am besten mit einem Kind. Und dich fragen: Was wäre, wenn … Gehst du mit dem Bild von einem Kind, das du liebst, in die Geschichte hinein, offenbart sich dir Geschichte in einer ganz anderen Dimension. Nicht Zahlen und Fakten sind dann relevant, sondern relevant wird, was deine Empfindung ist, siehst du Geschichte aus der Perspektive eines Menschen, der einen Menschen liebt. Der, der da steht und mit dem Gewehrkolben auf den Kopf geschlagen wird, könntest du sein, das Kind, das neben dir steht und zuschauen muss und weint, weil du mit einem Gewehrkolben kaputtgeschlagen wirst, könnte dein Kind sein. Kehrst du dann aus der Geschichte zurück, hast du Geschichte begriffen. Weil sie dich ergriffen hat. Weil du Geschichte erfahren hast im gefühlten Bewusstsein eines Menschen, der einen Menschen liebt, zum Beispiel ein Kind. Wer Geschichte sieht, ohne das Kind zu sehen, das zu leiden hat, wenn sich in der Geschichte das Böse vollzieht, ist blind. Kreutz fand, er habe gesehen. Das erste Mal. Und gespürt: die wirkende Kraft, die von Geschichte ausgeht, gehst du in die Geschichte hinein mit dem Bild von einem Menschen, den du liebst.

Plötzlich ein Krach im Zug, wie wenn jemand einen Stein gegen einen Wandspiegel wirft. Kreutz erschrak. Sah sich sofort um wie jemand, der etwas verbrochen hat. Erkannte weiter vorne im Zugabteil einen Mann, der auf dem Boden herumkroch und Scherben einsammelte, die zu einer Tasse gehörten, die es jetzt nicht mehr gab. Die Blonde, die Kreutz schräg gegenübersaß, las immer noch ihren Camus. Hoffentlich war man bald in Göttingen, dachte Kreutz. Er schaute auf die Uhr. Eine Stunde noch, wenn der ICE nicht aus den Schienen sprang, dann war man endlich da. Wurde aber auch Zeit. Dieses Berlinerlebnis hatte geholfen, ihn von diesen Brüsten abzulenken. Jetzt aber war er wieder hellwach. Also in der Gegenwart. Und die hielt für ihn diese Blonde bereit, die in ihrem Roman las, als gäbe es neben diesem Roman keine Welt. Indem er wieder auf diese Titten stierte, spürte er, wie was zwischen seinen Schenkeln wuchs. Auch das noch. Wenn die jetzt aufschaute aus ihrem Roman und herschaute und an ihm hinab und das sah! Wie sich das jetzt wölbte und hob unter seinem Jeanshosenstoff! Aber er konnte doch nichts dafür! Für die Wünsche, die entstehen wie von selbst, sitzt man gegenüber einem solch gelungenen Weib! Da wollte was raus. Da musste was raus. Und das, was raus musste aus ihm, musste irgendwohin. Am besten in eine Frau. Sprich sie an!
Quatsch.

Hol sie raus aus diesem Roman und zurück in die Wirklichkeit!

Die ist nicht mein Typ.

Hat aber Brüste wie Dolly Buster!

Das schon.

Vielleicht will sie ja auch und wartet nur!

Bestimmt nicht auf mich.

Sprichst du sie nicht an, erfährst du's nie!

Ich kann das nicht.

Feigling!

Kann sein.

Wohl Angst, dich zu blamieren, was?!

Diese Angst hat jeder Mann.

Quatsch! Du bist 44! Was hast du zu verlieren?!

Meinen Stolz.

Was nützt der Stolz, den man sich einbildet, wenn's in den Hoden juckt?! Los, mach schon, sprich sie an, frag sie, wo sie herkommt, wohin sie fährt, was sie fesselt an Camus! Und dann.

Nimmst du sie mit aufs Klo!

Das ist Hollywood.

Na und?!

Das Leben ist eine einzige Blockade, dachte Kreutz. Warum war das wirkliche Leben nicht wie im Film? Immer gab es diese Hindernisse, Hemmnisse, Hemmungen. Es gab Möglichkeiten, das ja, aber gleichzeitig gab es diese Hindernisse, Hemmnisse, Hemmungen. Und die kriegte man nicht weg. Die waren da, tief in einem drin, abgespeichert seit Jahrzehnten schon, die schleppte man mit sich herum wie ein Trauma aus frühen Kindheitstagen. Da konnte Möglichkeit Möglichkeit sein, zu ergreifen war die, war man sozialisiert wie er, nicht. Ihm blieb nur das sehnsuchtsvolle oder schmachtende Stieren, weil er sich nicht traute, dieser Frau hinzusprechen den vielleicht alles verändernden Satz. Was tun? Aufstehen! Und weg von der! Sofort! Sich bewegen. Durch die ICE-Waggons laufen wie einer, der den Schaffner sucht. Die Schwellung zwischen seinen Schenkeln nimmt rasch ab. Gott sei Dank. Wie gut, dass es Ablenkung gibt. Die Plakate zum Beispiel, die an den Zugwänden angebracht sind, Garmisch-Partenkirchen, Zürich, München bei Nacht. Diese Plakate zu betrachten hilft. Gegen diese Bilder im Kopf, die der Trieb programmiert. Auf der Digitalanzeige las er, wie schnell der ICE fuhr: 233. Aha. In zehn Minuten war man in Hildesheim. Auch da gab es wieder was zu sehen. Leute, die ausstiegen, Leute, die einstiegen. Interessant. Ein junger Mann, der lange nachwinkt einer Frau, die jetzt im Waggonflur neben ihm steht mit einem Kind an der Hand, das immerzu schreit. Kreutz wurde nervös. Lief wieder herum. Blieb in der Nähe einer Klotüre steh'n. Eine junge Frau, damenhaft gekleidet mit Nylons und Pumps, verschwindet im WC. Kurz darauf ein junger Mann mit Anzug, der gegen die WC-Tür klopft. Die WC-Tür öffnet sich, der Anzugmann hinein, die WC-Tür wird von innen verschlossen. Kreutz verstand die Welt nicht mehr. Ihre Zeichen. Das, was er sich vorstellte, was sein könnte, ein Mann und eine Frau, die es wild treiben auf einem ICE-Abort, das gab's tatsächlich! Das hatte er doch soeben mit seinen eigenen Augen gesehen! Nicht Fiktion war das, sondern Faktum und also Realität! Blick auf die Uhr. Noch zwanzig Minuten, dann war man in Göttingen. Was hinter der Aborttür geschah, ging ihn nichts an. Er horchte, doch Geräusche, die eindeutig waren, hörte er nicht. Offenbar ein erstickender Akt. Endlich Göttingen. Reisetasche greifen, noch ein flüchtiger Blick zur Blonden hin, dann hinaus. Und rüber zum Taxistand. Dem Fahrer, der aussieht wie ein Taliban, nennt Kreutz das Ziel: Schützenplatz. Da steht sein TT. Dann den Taliban bezahlen, Tasche in den Kofferraum, Motor starten und ab. Quer durch die Göttinger Innenstadt. Richtung Norden. Er weiß, wo sie stehen und warten auf einen wie ihn. Und also da hin. Dann sieht er sie schon. Viele sind es heute nicht. Es ist noch früher Nachmittag, die meisten liegen offenbar noch im Bett. Die, die schon im Einsatz sind, prüft er mit geschultem Blick. Was Blondes soll es sein, so was wie im Zug. Dazu nicht zu alt. Und was mit drallen Brüsten, damit er ordentlich was zu greifen hat. Die da vorne, genau, die spricht er jetzt an. Schon surrt das Seitenfenster herab. Sie nähert sich wie ein Model, das zum ersten Mal über den Laufsteg geht, lächelt dabei keck mit ihrem Nichtsalslippenmund. Das Gesicht ist ganz passabel, denkt Kreutz, die Brüste auch, aber ihre Zähne sind kaputt, egal, er will sie ja nicht küssen. Die nimmt er also mit. In ein kleines Hotel, in dem Zimmer zu mieten sind im Stundentakt. Sie geht voran, er hinter ihr her. An der Rezeption kennt man sie schon. Sie erhält, ohne dass sie was sagt, einen Schlüssel mit blauweißem Plastikschild, auf dem eine 17 steht. Der Mann an der Rezeption nickt, blättert weiter in einem Gartenjournal, als gehe ihn das, was in diesem so genannten Hotel geschieht, nichts an. Als Kreutz das Zimmer betritt, trifft ihn fast der Schlag: eine Absteige. Mein Gott! Blümchentapeten an der Wand. Ein Bett, ein Tisch, zwei Stühle davor. Ein kleiner Schrank aus Holz. Darin die Bettwäsche, weiß, die man braucht, damit man nicht auf der fleckigen Matratze liegt. Ein Waschbecken gleich links neben der Tür. Ein Spiegel mit Sprung. Gardinen in der Farbe von Urin. Drei vertrocknete Fliegen auf der Fensterbank. Wenn man zum Fenster hinausschaut, sieht man in einen Hinterhof, in dem zwei Müllcontainer abgestellt sind. Ein Ausländerkind, das mit seinem Roller die Container umkreist, dabei ein Lied singt in einer Sprache, die Kreutz nicht versteht. Kreutz legt der

Frau das Geld auf den Tisch. 40 Euro will sie für das, was er heute will. Und was er will, ist kein dramatischer Akt, nichts Außergewöhnliches für die Frau, die mit Männern wie Kreutz ihren Lebensunterhalt verdient. Sie zieht sich bereits aus. Zeit ist Geld. Ihre Stiefel aus Leder, kniehoch, behält sie an. Das will er so und ihr macht es nichts aus. Dann alles, wie bereits x-mal erlebt. Sie zieht ihn aus, legt alles auf dem Stühlchen ab. Dann ihre Hand an seinem Geschlecht. Das steht. Zielt auf ihren Bauchnabel wie ein Haubitzenrohr. Dann aber etwas, das er noch nicht kennt: Sie zieht ihn am Glied hinter sich her, als sei sein Glied ein Nasenring und er der Ochse, der folgt. Dann ihr Befehl: Komm! Und schon liegt er flach. Auf dem Rücken. In diesem harten Bett in einem Stundenhotel in Göttingen-Nord. Das Gummi, das sie ihm überrollt, mag er zwar nicht. Aber es muss offenbar sein. Auch die, mit denen er's treibt, sind vorsichtig geworden mit der Zeit, wissen um die Krankheit, die um sich greift wie Allergie. Sein Glied, denkt er, schaut jetzt aus wie das Münster in Ulm, das eine Pickelhaube aus Gummi trägt. Er findet's lustig, lacht sogar. Sie lacht mit. Das Lachen hilft, dass nicht alles wirkt wie einstudiert. Er massiert ein bisschen ihre gewaltige Brust. Küssen muss er diese Brüste natürlich auch. Gar nicht genug kriegen kann er jetzt von diesen Brüsten dieser Frau, deren Namen er nicht kennt. Silvi solle er sie nennen, hat sie gesagt. Dass sie nicht Silvi heißt, ist ihm klar. Aber er nennt sie, während er rummacht an ihr, wie selbstverständlich Silvi. Sie sitzt gespreizt und schmiert sich ein. Da unten, wo sein Glied sich austoben soll. Sie dann auf ihn drauf und steckt's in sich rein. Hockt jetzt wie ein Jockey, der mit seinem Pferd in den Himmel fliegen will. Er weiß: Je schneller das Zeug raus ist aus ihm, desto schneller kann die wieder weg und zurück an ihre Ecke, wo vielleicht schon der Nächste wartet mit Geld, das sie doch braucht, weil auch eine Prostituierte irgendwie überleben will. Zum Erguss, so ungestüm und heftig ihr Ritt auch ist, kommt er nicht. Ihm geht, während Silvi Lusttöne produziert, ständig ein Gedicht durch den Kopf, das er vom kleinen Henri kennt. *Tri tra trum, der Drache ist nicht dumm, der Drache isst gern Trauben, das woll'n wir ihm erlauben, tri tra trum, der Drache ist nicht dumm.* Also nichts. So sehr die auch mit ihrem Becken einschlug auf ihn, dass es klatschte, als werfe man Bretter in einen Fluss – er konnte nicht. Musste unterbrechen. Vielleicht lag's am Gummi. Oder an diesen Zähnen, die er ja jedes Mal sah, schaute er von unten herauf in ihr Grimassengesicht, Zähne, die eigentlich keine Zähne mehr waren, sondern Grabsteine in einem grell geschminkten Mund. Was jetzt? Absamen wollte er schon. Deswegen war er schließlich hier. Er verlangt: oral. Sie: Aber das Gummi bleibt drauf. Er: Nein, das Gummi kommt ab! Sie: Das kostet mehr. Er: Wie viel? Sie: Gebe er 20, sei sie dabei. Er auf, legt ihr den Zwanziger hin. Dann wieder wie gehabt: Er unten, sie auf ihm drauf. Hockt jetzt wie eine Hyäne, die Eingeweide verschlingt. Hält ihm ihr Geschlecht übers Gesicht. Ihr Schamhaar wie ein gepflegter Vorgartenrasen, gleichmäßig gestutzt. Schön. Wie Moos fühlt sich das an, fährt man sanft darüber mit der Hand. Von ihren kaputten Zähnen, wenn er so liegt und schaut, sieht er nichts. Was er sieht: Schenkel, Venushügel, ein Stück Bauch. Er weiß sofort: So geht's. Er greift, was er greifen kann, ergibt sich diesem Silvimund, der jetzt endlich Erfolg haben will. Dann blitzt's vor seinen Augen, plötzlich ein Rauschen im Kopf wie im Radio, wenn der Sender weg ist. Den Rest erledigt die Biologie. Nach wenigen Sekunden ist alles vorbei. Er kann wieder atmen, wie man atmet, wenn das Leben keine Anstrengung ist. Ach, Silvi, dachte er, wenn er in seinem Leben auch viele vergisst, aber deinen Namen vergisst er nie. Von ihrer Nasenspitze tropft es nass. Und auf ihn zurück. Und das Bettzeug ist auch ganz versaut. Nicht sein Problem. Was raus muss, dachte Kreutz, muss raus. Und war jetzt raus. Was für eine Wohltat, dachte er, wenn der Druck nicht mehr ist. Ist der Druck weg, ist man wieder bei Verstand. Und der meldete sofort: Katharina hätte dir das alles gratis gemacht. Und genauso gut. Und geküsst hätte die auch. Auch auf den Mund. Vor allem auf den Mund. Aber Katharina Muth war ja weg. Seitdem musste er auch wieder zahlen für das, was er von einer Frau wollte als Mann. 60 Euro hatte ihn dieser Erguss gekostet. Geld, das, wie er jetzt fand, nicht fehlinvestiert worden war. Jetzt fühlte er sich doch erleichtert, oder? Ja.

Später setzte er sie genau an der Stelle ab, wo er sie eingesammelt hatte. Komm mal wieder vorbei, sagte sie noch. Sobald ich in der Nähe bin, sagte Kreutz. Bist schon ein Lieber, sagte sie. Täusch dich nicht, sagte er. Sie täusche sich nie, sagte sie. Alles im Leben sei Täuschung, sagte er. Das habe sie ja eben gesehen, sagte sie und lachte, dass er wieder ihre kaputten Zähne sah. Dann stieg sie aus, ging davon, drehte sich aber noch einmal um, winkte sogar, lächelte kurz, stand dann, wo sie auch vor einer Stunde stand, zündete sich eine Zigarette an und wartete, bis der Nächste kam, der ihr Geld gab für das, was keine Liebe braucht.

Kreutz fuhr in die Göttinger Innenstadt zurück. Er hatte Hunger. NDR 2 spielte Brian Adams, *In the summer of 69*. Kreutz kannte das Lied, pfiff die Melodie fröhlich mit. Das Restaurant in der Goethestraße, in das es ihn trieb, kannte er von einem Kollegen, als Kreutz noch Lehrer in Friedland gewesen war. Friedland, dachte er, das waren noch Zeiten. In diesem Kollegium hatte er sich aufgehoben gefühlt wie in einer Familie, in der jedes Mitglied zählt, wichtig ist. Aber Friedland war vorbei. Gewesen, wie so vieles in seinem Leben nur noch gewesen ist, das einmal schön schöner am schönsten war.

Bei der Bedienung bestellte Kreutz ein Steak, dazu gemischten Salat. Und Wein, roten, brauchte er auch. Nach wenigen Minuten stand alles, was Kreutz bestellt hatte, parat auf dem Tisch. Er trank, er aß, er fühlte sich gut. Er war zufrieden. Mit sich. Und seiner Situation. Jetzt.

Schau dir das Pärchen an, das dort drüben sitzt am Nachbartisch!

Und.

Ein Mann und eine Frau!

Soll's geben.

Wie er ihr zärtlich das Haar streicht aus der Stirn!

Sissy-Kitsch.

Du hast es in der Hand!

Was?

Einen Menschen zu lieben, wie man einen Menschen liebt!

Zu spät.

Quatsch! Du lässt es nur nicht zu!

Katharina Muth.

Zum Beispiel!

Die war zu jung.

Aber möglich gewesen wäre es schon!

Katharina Muth, dachte er. Ja, mit der hatte er genauso gesessen wie dieser Brillenträger mit seiner Rothaarigen am Tischchen nebenan. Oben in Northeim war das gewesen. Da kannte man ihn ja nicht. Da hatte es ihm auch nichts ausgemacht, sich mit Katharina zu zeigen vor Publikum. In Göttingen hatte er sich mit Katharina nie gezeigt. Eine fast panische Angst hatte er davor, von Kollegen gesehen zu werden, wie er, Kreutz, mit einer deutlich Jüngeren um die Häuser zog. Alles konnte er gebrauchen in seiner Situation, nur kein weiteres Kollegengeschwätz. Schon einmal hatte er seinen Kollegen das Thema geliefert für ihr Geschwätz, rezidivierende Depression, dachte Kreutz, und das musste reichen, ein für alle Mal. Was blieb? Raus aus Göttingen und dahin, wo bereits der Harz mit seinen Wäldern lockt, Northeim eben. Händchen haltend hatten sie in einer Pizzeria gesessen wie ein TV-Liebespaar. Ja, das war vorgekommen. Und einmal hatte sie ihn sogar geküsst. In diesem Lokal. Voll auf den Mund. Mit Zunge und allem, was dazugehört. Und damit Blicke auf sich gezogen von jedermann. Auch der Ober hatte geschaut wie einer, der denkt, das gibt's doch nicht. Vermutlich hatten die sich gefragt, warum eine Tochter ihren Vater so schamlos küsste auf den Mund. Und so lange! Und mit dieser Hingabe! Katharina war ja erst 21 gewesen. Und eine ehemalige Schülerin von ihm war sie auch. Aus alten Friedlandzeiten. 39 Tage war das gegangen mit ihm und ihr.

Wie er sie zufällig getroffen hatte im Januar in Göttingen an dieser Esso-Tankstelle: Ist sie's oder ist sie's nicht? So hatte er gedacht, als er sie beobachtet hatte, wie sie die Zapfpistole einführte in ihren kleinen roten Smart. Angesprochen hatte er sie freilich nicht. Man quatscht nicht einfach so eine Frau an einer Tankstelle an, wenn man sich nicht sicher ist. Er hätte sich ja auch irren können. Stattdessen hatte sie ihn angesprochen, später, in diesem Neonlicht überfluteten Tankstellenshop. Er hatte noch in einer Zeitschrift geblättert, Stereoplay, obschon er gar keine Zeitschrift brauchte, gewartet und geschaut und sich gefragt, ob das tatsächlich seine Katharina Muth sei, die er damals unterrichtet hatte in Geschichte, Erdkunde, Politik. Sobald sie ihn entdeckt hatte, hatte sie sich neben ihn gestellt, ihn angelächelt, als sei das das Selbstverständlichste von der Welt. Ihm hatte das schon gefallen, dieses lächelnde junge

Frauengesicht mit diesem vielen langen braunen Haar. Und dann hatte die erzählt, Bruchstücke aus ihrer Biografie, also, was sie jetzt so macht, womit sie ihr Geld verdient, wo sie wohnt, wie es ihr geht und so fort. Vor allem hatte sie ihm sagen müssen, wie sehr sie sich doch freue, ja, *riesig freue* sogar, ihn, ihren Lieblingslehrer aus Schülertagen, doch noch einmal wiederzusehen. Katharina wollte sich mitteilen. Das hatte er sofort gespürt. Kreutz war kaum zu Wort gekommen bei diesem Sätzegerassel. Ihm war diese Situation doch ein bisschen peinlich gewesen. Wie die sich aufgedrängt hatte! Ihm! Erzählte Zeugs, das Kreutz nicht interessierte, lächelte ihn dabei unablässig von der Seite her an. Als spiele sie Sonne, um ihn, der stand wie ein Fossil, zum Leben zu erwecken. Der Tankwart schaute schon her. Und grinste dreckig und breit mit seinem Ochsenfroschmaul. Grins nicht so dämlich, du blöder Hund, hätte Kreutz am liebsten gebrüllt. Schließlich war doch nichts passiert: ein Mann, eine Frau, gut, die Frau deutlich jünger als der Mann, die treffen sich, stehen beieinander, nebeneinander, reden was beziehungsweise sie redet, er hört zu. Und? Was gab es da zu grinsen?! Aber der Tankwart dachte offenbar versaut. Oder ahnte bereits, dass etwas, das so beginnt, zwangsläufig ins Geschlechtliche tendiert. Dann Katharinas Frage, die alles Weitere entschied: Ob sie ihn, Kreutz, einmal besuchen dürfe. Sofort hatte er gedacht: Film. Gesagt hatte er: Gern. Vollkommen absichtslos hatte er das gesagt, ganz ohne jeden Hintersinn. Seine Adresse plus Handynummer hatte sie dann auf einen Zettel notiert, den ihr der wulstlippige Tankwart gab. Sie bezahlte Benzin, er bezahlte Benzin, dann ging man raus in die nasskalte Winternacht, sie sagte noch, Bis bald!, er hatte genickt, war eingestiegen in seinen TT, hatte gedacht: Dieses Luder hat es geschafft, dass du jetzt an sie denkst, obschon es gar nichts bringt, dass du an sie denkst.

Drei Tage später stand die dann tatsächlich vor seiner Tür. Am 18. Januar war das gewesen. Angekündigt hatte sie sich für halb acht. Per SMS. Und um Punkt halb acht war die dann da. Als er ihr öffnete, dachte er: Tausend und eine Nacht. Wie die sich herausgeputzt hatte! Für ihren Auftritt. Vor ihm. Für ihn. Schwarzer Rock, roter Pulli, ärmellos, also Unter- und Oberarme entblößt. Makellose, helle junge Frauenhaut. Unter ihrem nichts als engen Pulli zwei eher kleine als große Brüste. Aber deutlich erkennbar waren diese Wölbungen schon. Dazu schwarze Stiefel, Leder, die ihr gingen bis weit übers Knie. Die Jacke, die sie trug, trug sie links über dem Arm, obschon es kalt war, draußen, höchstens fünf Grad. Ihr Lippenpaar grell geschminkt, rot. Das viele lange braune Haar geflochten zu einem hübschen Zopf, der ihr zwischen den Schulterblättern hing. Dazu Augen wie ein tiefer grüner See. Kreutz dachte: Aphrodite. Und hatte das unbestimmte Gefühl, dass er diesen Abend nicht unbeschadet überstehen wird. Auch wenn nichts passieren würde, wenn man nur säße und spräche, Anekdoten austauschte aus einer längst versunkenen Zeit, heil bleiben würde er, war die wieder verschwunden, nicht. Irgendetwas würde bleiben, wenn die wieder ging, eine Sehnsucht, eine Hoffnung, ein Schmerz, denn irgendwas blieb immer.

Man trank, obschon Kreutz auch Mineralwasser angeboten hatte, Wein. Katharina trank, wie Kreutz überrascht feststellte, wie ein Mann, der nicht zum ersten Mal trinkt. Er konnte gar nicht so rasch nachschenken, wie Katharina trank. Und dabei war die doch erst 21! Und eine Frau! Und mit dem Auto nach Hause fahren musste die doch auch! Ihm war's ja egal. Hatte sie Durst, gut, sollte sie trinken, an Wein mangelte es nicht. Also schenkte er, sobald ihr Glas geleert war, immer wieder rasch nach, saß ihr, die im Sessel saß, auf der

Couch gegenüber, hörte zu, was sie zu erzählen hatte. Oder erzählen musste. An diesem Januarabend in seiner Mietwohnung im Souterrain.

Was Kreutz so alles erfuhr: nach der Schule ist sie rüber in die USA. Florida. Allein. Zwei Monate bleibt sie dort. Wird defloriert von einem 31-Jährigen, der eingesetzt ist auf einem Flugzeugträger als Navigationsoffizier. Da ist sie 17 gewesen. Mit dem Navigationsoffizier jedoch wird es nichts. Der muss irgendwann wieder los. In den Irak. Und sie, weil sie unglücklich ist, fliegt nach Deutschland zurück. Das wollte sie ja ohnehin. So schön, wie man das immer wieder hört oder liest, seien die USA doch nicht. So Katharina. In Göttingen beginnt sie eine Lehre in einer Anwaltskanzlei. Rechtsanwaltsfachangestellte will sie werden. Wird sie auch. Prüfung bestanden im letzten Jahr. Note: 2,3. Immerhin. Ihr Job sei zwar nicht das Gelbe vom Ei, aber Geld damit verdienen lasse sich schon. Und Geld benötige sie ja. Schließlich habe sie eine eigene Wohnung, fahre ein Auto, wolle in den Urlaub wenigstens zweimal im Jahr, Flugreisen, Haiti, Malediven, Sri Lanka, was es eben an Fernreisezielen so gibt. Das alles kostet Geld. Zum Glück lernt sie bald einen Mann kennen, der ihr ein bisschen aushelfen kann mit Geld, ihr eng sitzende Kleider kauft, italienische Schuhe, handgefertigten Schmuck. Filialleiter bei SATURN ist der, verheiratet, zwei Kinder hat der auch, Mädchen, die älteste Tochter im gleichen Alter wie sie. Mit dem fängt sie also was an, wird schwanger, als sie im zweiten Lehrjahr ist. Doch ein Kind kommt nicht infrage, weder für sie noch für den Mann, der doch verheiratet ist. Also ab ins Hospital, damit die Ärzte ihr wegmachen das Kind auf der Rechtsbasis *soziale Indikation*. Bei der Operation macht der Chirurg irgendetwas in ihr kaputt. Seitdem ist es mit dem Kinderkriegen vorbei. Das weiß sie von der Gynäkologin, bei der Katharina Patientin ist. Die rät: klagen gegen den Arzt, der chirurgisch zu verantworten hat diesen Mist. Kunstfehler, sagt die Gynäkologin, ein ganz klarer Fall. Katharina ruft die Klinik an, verlangt den Arzt, verlangt Schadenersatz. Die Weißkittel jedoch wiegeln ab. Weisen jeden Vorwurf zurück. Sie wird wild, droht mit Presse, droht mit Gericht. Sie weiß, was sie will, setzt die Klinik unter Druck. Dann eines Nachmittags der Anruf vom Klinikchef: 3000 Euro bietet man ihr an. Wenn sie schweigt, nichts unternimmt. 5000, sagt sie, und sie seien im Geschäft. Zwei Tage später sind 5000 im Haben gebucht bei ihrer Bank. Sie hält Wort, sagt zu niemandem nichts. 5000 Euro haben oder nicht haben, das sei schon was. Zumal, wenn man erst 18 ist, ein junges Ding, das sich was leisten will. Vom Geld kauft sie sich den kleinen roten SMART, damit sie schneller bei ihrer kranken Mutter ist. Die dämmert vor sich hin in einem Sanatorium, kommt da offenbar auch nie wieder raus. Dreimal habe sie, Katharina, ihre Mutter gefunden im Bad, dreimal hat sich die Mutter ihre Pulsadern zerfetzt. Seit dem letzten Mal: Sanatorium, stationär. Damit so etwas nicht mehr passiert. Katharina weiß: Ist die Mutter allein, tut sie sich was an. Weil die Mutter nicht begreifen kann, dass ihr Mann nicht mehr ist. Der war ja Dachdecker von Beruf. Passt einmal beim Schiefern nicht auf, kann sich nicht mehr halten, taumelt, kreiselt, stürzt. Zehn bis zwölf Meter hinab. Unten im Hof die Kreissäge, die nicht vorschriftsmäßig abgedeckt ist. Da also drauf. Der Brustkorb splittert, Blut spritzt, aus. Und seitdem laufe die Mutter neben der Spur. Zuerst habe die nur geheult. Dann auch getrunken. Also geheult und getrunken. Später nur noch getrunken, Kirschwasser, ASBACH, Birnenschnaps. Und dann kommt irgendwann das Kartoffelschälmesser dazu. Im Bad. Immer nur im Bad. Oft liegt die Mutter in ihrem eigenen Blut. Bis Katharina im letzten Jahr die Reißleine zieht, die Psychiater bedrängt: Nehmt die Mutter auf, stationär, sofort, so hat das doch alles keinen Zweck. Seitdem ist die Mutter eben weg. Und irgendwann Katharinas SATURN-Mann auch. Der kriegte einmal, als Katharina wollte, keinen hoch. Da hat sie einmal über den gelacht. Da hat der sie geschlagen. Mit der Faust ins Gesicht. Da hat sie ihn rausgeschmissen. Und gebrüllt: 1000 Euro, bis morgen, in bar – oder ich sag alles deiner Frau! Sie kriegt das Geld, ein Lehrling bringt's, der SATURN-Mann bleibt weg. Sie sind quitt. Und seitdem lebe sie allein. Mal den, mal den, aber im Prinzip lebe sie allein. Und habe von Männern so ziemlich die Schnauze voll. Bis sie ihn getroffen habe, sagte Katharina, nein, ihn gefunden, wiedergefunden habe, ihren Lieblingslehrer aus Schülertagen, Cornelius Kreutz. Und lächelte ihn kleopatrahaft an.

Er hatte, während sie erzählte, kaum zuhören können. Aber ein Gesicht produziert, dass ihr, der Erzählenden, signalisieren sollte, deine Biografie ist ja wirklich interessant, also bitte, erzähl nur, breite aus deine Biografie wie eine Schuld, ich, dein alter Lehrer aus Friedlandzeiten, höre dir zu. Aber richtig zuhören konnte er nicht. Wie die sich darbot! Ihm. Ihre Beine nicht übereinander geschlagen damenhaft, sondern Bein neben Bein, wie wenn man auf dem Lokus sitzt und scheißt. Von ihren Oberschenkeln sah er also ziemlich viel. Dazu ihre kleinen festen Brüste, die sich heben und senken bei jedem Wort, das sie spricht. Dieser Jungfrauenmund mit diesen prächtigen Kusslippen in Rot. Und über allem der Wein! 12,3 Volumenprozente hatte der, wie auf dem Etikett zu lesen war. Dass die mehr trank als er, dafür konnte er nichts. Gezwungen zu trinken hatte er Katharina jedenfalls nicht. Und je mehr die trank, desto übermütiger wurde die. Oder freier. Frecher auch. Zuerst fiel die über seine Souterrainwohnung her. Er, ein Studienrat mit A-13-Gehalt – und wohnt in so einem Loch. Ob ein Studienrat denn so ein armer Schlucker sei, dass er hausen müsse wie ein Asylant. Das hätte sie nun wirklich nicht erwartet. Was sie erwartet habe? hatte er gefragt. Altbau, zum Beispiel, hatte sie gesagt, 100 Quadratmeter, mindestens, Fenster bis zum Himmel, Möbel mit Stil, ein Bett, das wie eine Spielwiese ist. Habe er. Wo? Zu Hause. Wo das sei? Das wisse er, ehrlich gesagt, auch noch nicht. Wie sie das verstehen solle? So, wie er's sage. Sie schüttelte nur den Kopf. Ob er denn nicht verheiratet sei? Nein. Kein Familienmensch? Nein. Keine Geliebte, Freundin, nichts? Nein. Also sei er frei? So frei wie sie jetzt. Ach, das sei ja ein Ding. Warum? Weil sie sich nicht vorstellen könne, dass er, ein durchaus attraktiver Mann, so ganz ohne Frau an seiner Seite lebt. Wie das Leben eben so spielt, sagte er. Und das Leben spielt nicht selten verrückt, sagte sie. Oder einem übel mit, sagte er. Oder Schicksal, sagte sie.

So ging das hin und her an diesem Abend, Palaver, Geplänkel, Geschwätz. Kurz vor Mitternacht dann ihre Frage, die ihn traf wie die Erinnerung an eine längst verdrängte Schuld: Warum er sie nie beachtet habe. Er schaut, als wenn er nicht versteht. Damals, sagte sie, in der Schule. Ob er denn nicht bemerkt habe, wie sie ihn angehimmelt habe als junge Frau. Er: nein. Sie, abfällig: Männer. Geschwärmt habe sie von ihm. Aber ja. Heimlich Fotos habe sie von ihm gemacht, die eingerahmt, hingestellt auf ihren alten Sekretär. Vor diesen Fotos gesessen stundenlang und sich so einiges gedacht. Erträumt. Erfleht. Und in ihrem Tagebuch verewigt sei er auch. Was sie da so alles über ihn geschrieben habe! Wildeste Fantasien eben, die eine junge Frau so hat, wenn sie sich nach körperlicher Liebe sehnt. Sagte sie, senkte den Kopf, grinste wie zu sich selbst. Er habe ja von allen Lehrern den tollsten Po gehabt. So einen richtigen Knackarsch habe er ja gehabt.

Und habe er noch. Wie oft hätten sie, die Mädels, damals unten an der Treppe zum Obergeschoss gestanden und gewartet auf ihn, sodass er vor ihnen die Treppen hinaufging zum Klassenraum und sie hinter ihm her, um hinstieren zu können auf seinen göttlich knackigen Po. Sie sei nicht die einzige gewesen, die so auf ihn fixiert gewesen sei. Aber ja doch, ja, einen richtigen Fanclub habe er in Friedland gehabt. Das hat er alles nicht gewusst? Ach Gottchen, sagte Katharina; dann wieder abfällig: Männer. Wenn er wüsste, was sich die Mädels damals so alles erzählt hätten über ihn! Was sie sich zusammenfantasiert hätten! Ach du liebe Güte, das war oft Pornografie pur. Aber zum Glück weiß er das ja nicht. Wird es auch nie erfahren. Nur von ihr, Katharina, erfahre er jetzt, wie sie als junges Mädchen geschwärmt habe von ihm. Aber er habe sie ja nie beachtet. Bitte, wen habe er drangenommen im Unterricht, wenn sie sich einmal gemeldet habe, Jasmin oder sie, Katharina? Jasmin habe er drangenommen, immer, aber sie, Katharina, nicht. Warum? Einmal stehe sie neben ihm auf dem Pausenhof, biete ihm von ihrer Nussschokolade an. Er lehnt ab, barsch, Schokolade sei nichts für ihn, Schokolade mache dick. Einmal, man ist auf Klassenfahrt nach Dresden, sie will sich neben ihn setzen im Bus, ein bisschen plaudern mit ihm, in seiner Nähe sein, weiter nichts. Er sagt, er müsse noch arbeiten dies und das, legt rasch einen Reiseführer und eine Stadtkarte auf den noch unbesetzten Platz. Sie legt beim Abschlussklassenfoto leicht einen Arm um seine Hüfte, nur so zum Scherz. Er schlägt ihr heftig den Arm weg, schaut sie fast schon böse an. Warum? Das sei die Frage gewesen, die sie sich gestellt habe so viele Jahre lang: Warum, warum, warum? Diese chronische Nichtbeachtung ihrer Person sei abgespeichert in ihr als ein einziger Schmerz. Und dieser Schmerz trage seinen Namen: Cornelius Kreutz. Nicht ein einziges herzlichliebes Wort zu ihr. Immer nur dieser eisigernste Blick. Cornelius Kreutz, der Stein. So habe sie ihn oft genannt. In ihrem Tagebuch. Und ihn verflucht. Ihn angehimmelt und verflucht. Weil er sich nicht anhimmeln ließ. Im Verletzen einer sich nach Beachtung verzehrenden jungen Frau sei er wirklich unschlagbar gewesen. Jeder Lehrer, ob verheiratet oder nicht, habe sie, wenn er sie gesehen habe, angelächelt. Zwei von denen hätten sie auch angefasst. Am Oberarm, wie beiläufig, aber immerhin. Und er, Kreutz? Nichts. Gesicht wie eine Gipsskulptur. Charme wie ein Klumpen Arktiseis. Brutal auf Leistung getrimmt. Rein in die Klasse, Hefte raus, zack zack zack. Kreutz, die Wissensvermittlungsmaschine. BROCKHAUS hätten ihn sogar einige Schüler damals genannt. Männer, sagte Katharina wieder in diesem abfälligen Ton, sehen vor lauter Arbeitsergebenheit und Karriereverbissenheit das Schöne nicht! Sehen sie, Katharina, nicht! Wie sie damals geschmachtet habe nach ihm, nach Wahrnehmung durch ihn! Aber nichts. Nur nichts. Vier Jahre lang. Sie trägt das schönste Top für ihn – und er schaut nicht hin. Sie zieht sich ihren kürzesten Jeansrock an für ihn – und er schaut nicht hin. Sie schminkt sich die Lippen rot für ihn – und er schaut nicht hin. Als habe es sie, Katharina, gar nicht gegeben für ihn. Als junge Frau. Person. Aber damit sei jetzt Schluss! Jetzt könne er sie nicht mehr strafen mit seiner chronischen Nichtbeachtungsmanie! Hatte Katharina gesagt. Fast drohend. An diesem Abend. Und war aufgestanden aus ihrem Sessel und hatte sich neben ihn gesetzt auf die Couch. So nah an ihn ran, dass keine Buchseite mehr gepasst hätte zwischen sie und ihn. Und dann hatte sie ihn angeschaut, wie eine Frau einen Mann anschaut im Film, der sie gleich, weil es gar nicht mehr anders geht, ganz wild an sich reißen und küssen wird. Kreutz hatte bei diesem Katharinablick nicht gewusst, wie und was. Obschon er nicht betrunken war. Dann fragt sie ihn: Angst? Er: Wovor? Sie: Vor ihr? Er: Warum er Angst haben solle vor ihr? Sie: Weil er nichts tue. Er: Was sie denn wolle, das er tue. Sie: Mich berühren. Er: Das gestatte er sich nicht. Sie: Also doch Angst. Er: Nein. Sie: Dann berühr mich doch, Cornelius Kreutz, fass mich an! Er: Sie sei viel jünger als er, dazu eine ehemalige Schülerin. Sie: Na und? Er: Die Leute, wenn sie's erfahren, könnten reden, das sei ihm nicht recht. Sie: Von ihr erfahre niemand nichts. Er: Sie solle nicht provozieren. Sie: Sie provoziere gern. Er: Nun müsse er sie doch bitten zu gehen. Sie: Nein. Er: Sie möge doch vernünftig sein, Mädchentraum sei Mädchentraum und Wirklichkeit sei Wirklichkeit. Er, 45, sie, 21, also bitte, man sei doch nicht im Film. Sie, hartnäckig, bestimmt: Küss mich endlich, Cornelius Kreutz, jetzt! Er, letzter Abwehrversuch: Es reicht, Katharina, es reicht, sonst …

Weiter kam er nicht. Plötzlich ihre Lippen auf seinen Lippen. Ihre Zunge in seinem Mund, seine Zunge in ihrem Mund. Körperteile, die plötzlich ganz rasend sind, sich gebärden wie Kinder, wenn Schulschluss ist. Sie jetzt noch aus der Wohnung zu jagen, schaffte er nicht. Konnte er nicht. Wollte es auch nicht. Katharina tat ihm schon gut. Ihre jungen Lippen auf seinen alten Lippen, ihr weiches Haar in seiner rauen Hand, ihre zarte Hand auf seiner fast haarlosen Brust. Da aber bleibt ihre Hand nicht lang. Fünf Finger wandern plötzlich beckenwärts. Der Hosengürtel, der Reißverschluss, kein Hindernis für diese Frauenhand, die forschen und entdecken will. Und entdeckt. Und das, was die dann entdeckt, nicht mehr hergeben will. Hart liegt sein Glied in ihrer Forscherhand. Kreutz dachte nur: Jetzt hat sie dich. Ein Zurück, sobald die Frauenhand das Glied umfasst, gibt es nicht. Also zulassen, was nicht mehr gestoppt werden kann. Und mitspielen dieses Spiel, das an diesem Abend nicht der Fortpflanzung dient. Sie wollte. Ihn. Und führen wollte sie auch. Bitte, sollte sie. Sie die Herrin, er der Knecht. Machen darf sie mit ihm, was sie will. Hinunter auf den Teppich zieht sie ihn. Ein paar Sekunden braucht's, dann hat man nichts mehr an. Dann er unten, sie obenauf. Seine größte Sorge, bevor es ihm kommt: dass das keine Flecken hinterlässt auf dem Teppich, der dem Vermieter gehört. Die Nacht verbringt sie dann bei ihm. Auch die nächsten Nächte verbringt Katharina bei ihm. 39 Tage ging das so: Sie kommt abends gegen halb acht, man sitzt zusammen, trinkt Wein, schwätzt dies, schwätzt das, treibt's so oder so, und am nächsten Morgen fährt sie wieder weg. 39 Tage und nicht ein einziges Mal Streit! Er begehrt sie, sie begehrt ihn. Das reicht aus für diese Zeit als Fundament. Fortpflanzungsrodeo ohne Fortpflanzungsabsicht. Eine schöne Zeit, durchaus. Bis zum Schluss. Ein gewöhnlicher Abend, ein Abend wie zuvor: Sie kommt, man kocht, isst, redet dies, redet das, lacht, dann ist man nackt, dann gibt man sich hin. Dann sitzt man wieder. Sie im Sessel, er auf der Couch. Dazu Rotwein, Santanamusik, Stehlampenlicht. Dann plötzlich ihre Frage: »Liebst du mich?« Dann seine Antwort: »Nein.« Er sieht sofort, dass sie begreift, er macht keinen Spaß. Sie ist für ihn Körper, Schenkel, Lust; was er für sie ist, erfährt er nicht. Denn sie steht auf, streicht sich das Haar aus der Stirn, trinkt ihren Rotwein aus im Steh'n, sagt: »Schwein.« Sagt das vollkommen sachlich und gar nicht laut, sagt das so, wie man, wenn man am Fenster steht, sagt: Es ist bewölkt. Und greift sich ihre Jacke und geht. Ist weg, bleibt weg.

Ach, Katharina, dachte er jetzt. War erst 21 und hatte gehandelt wie einer, der bei Porsche die Entscheidungen trifft: schnell, hart, konsequent. Handeln ohne langes Gefackel. Das hatte ihm imponiert. Einfach aufstehen und weg. Katharina hatte Stil. Wo man das, wonach man sich sehnt, nicht erhält, da bleibt man nicht. Also aufstehen und weg. So einfach war das. Wenn man wusste, wie und was. Katharina wusste es offenbar.

Kreutz rief jetzt die Serviererin herbei, zahlte Steak, Salat, seinen Wein. Auch das Pärchen am Nebentisch, wie Kreutz bemerkte, zahlte jetzt. Bevor die das Restaurant verließen, mussten die sich aber noch einmal küssen. Das musste er jetzt wirklich nicht sehen. Dass die, die meinten, sich zu lieben, einen nie verschonen konnten mit ihrem Liebesbeweis! Überall zeigten die das! Mussten die das zeigen! Ihm demonstrieren, dass Liebe zwischen Mann und Frau keine Hollywooderfindung war. Beneidete er die etwa? Ja. Nein. Ja. Nein …

Sobald Kreutz in seinem TT saß, gab er Gas. In Göttingen auf die A 7, mit Tempo 200 auf Kassel zu, dann rüber nach Fritzlar, an Bad Wildungen vorbei, durch Frankenberg, Beddelhausen, Schwarzenau, Arfeld, Dotzlar. Ankunft in Raumland: Viertel nach fünf. Am Gartenzaun stand schon das Empfangskomitee bereit: sein Vater, Mirko Protz, das Gespenst von nebenan. Als Kreutz ausstieg, grüßte man ihn nicht.

11

Das konnte Benedikt Neumann wie kein anderer: jemanden umarmen. Man hatte, wenn man von dem umarmt wurde, sofort das Gefühl: Hier umarmt dich ein Freund. Kreutz war in diesem Augenblick froh, dass er im letzten Jahr diese alte Freundschaft aus gemeinsamen Hochschulzeiten wiederbelebt hatte. Und jetzt hatte ihn der, von dem Kreutz so viele Jahre nichts gehört hatte, eingeladen zu sich nach Betzdorf in sein Haus. Heute Morgen hatte ihn Benedikts SMS erreicht: *Hallo Cornelius! Bin heute Abend allein, Frau unterwegs, wenn du Zeit hast, komm vorbei, ich würde mich freuen, dein Freund Benedikt.* Betzdorf, hatte Kreutz sofort gedacht, das liegt nicht gleich um die Ecke. Das waren auch wieder 80 Kilometer, die man fahren muss. Also eine Stunde brauchte man mindestens, um zu dem zu gelangen. Schon wieder mit dem Auto weite Strecken zurücklegen zu müssen, dazu hatte er nun wirklich keine Lust. Karlsruhe, Berlin, Göttingen – das waren die Stationen der letzten Tage gewesen und das musste reichen. Kreutz war sich wieder vorgekommen wie ein Nomade. Hierhin, dorthin, er fühlte sich wie gehetzt. Oder wie verfolgt. Obschon er Ferien hatte. Aber was tut man nicht alles für einen Freund. Also hatte sich Kreutz abends gegen halb sechs doch noch in seinen TT gesetzt und war die 80 Kilometer gefahren bis nach Betzdorf in den Westerwald. Und wurde jetzt also umarmt von dem, den Kreutz als seinen einzigen wirklichen Freund bezeichnete.

Benedikt ließ natürlich nicht zu, dass man sich, sobald man sich begrüßt hatte, sofort setzte und zu plaudern anfing. Nein, erst musste er Kreutz durchs Haus führen wie durch ein Museum. Ein altes Haus hatte der sich ja gekauft, Baujahr 1912. Stand man vor dem Haus, hatte man unweigerlich den Eindruck, das Haus sei ein Wrack. Kreutz dachte sofort: Bagdad. Die Fassade wirkte, als sei sie von Granatsplittern getroffen worden. War man aber erst einmal im Haus selbst, kam man doch aus dem Staunen nicht mehr heraus. Hell und freundlich wirkte jeder Raum und jeder Raum war in einer anderen Farbe gestrichen und in allen Räumen dominierte als Gestaltungselement Holz. An den Wänden indes nur wenige Bilder, eingerahmte Naturfotografien, wie man sie bei IKEA kaufen kann, Sonnenuntergänge, Sonnenaufgänge, Sandstrand mit Palmen, über den sich ein wolkenloser blauer Himmel wölbt. Und überall wucherte es. Pflanzen, wohin man auch schaute, selbst im Badezimmer, Blumen in kleinen Töpfen oder großen Tonkübeln, dazu unzählige hoch und breit wachsende Grünpflanzen, blütenlos, wie man sie gewöhnlich aus dem Urwald kennt. Dass in jedem Raum so viel Verschiedenes wucherte und blühte, Pflanzen, deren Bezeichnungen Kreutz nicht kannte, dafür hatte Benedikts Lebensgefährtin gesorgt. Annegrit habe gesagt: »Benedikt, wenn ich hier mit dir leben soll, dann brauch ich etwas in den Räumen, das genauso lebt wie ich.« Benedikts Lebensgefährtin hatte ganze Arbeit geleistet – diese Räume lebten. Kreutz dachte: Und meine Räume dagegen wirken wie tot. Da fand man nichts als schwarzes Leder, Chrom, Edelstahl, Glas. Evelinde hatte seinen Wohnungsstil einmal mit den Worten kommentiert: »Sobald man deine Wohnung betritt, friert's einen, auch wenn die Sonne scheint.«

Plötzlich blieb Benedikt mitten in der Wohnstube stehen, sodass auch Kreutz stehen bleiben musste. »Mein Lebenswerk!«, sagte Benedikt und wies auf einen Kamin, dessen Öffnung aus dem Verputz herausschaute wie der Eingang in eine unbekannte Welt. Kreutz betrachtete den Kamin, erkannte jedoch an diesem Bauwerk nichts Besonderes, vermutlich, weil er von Kaminen nichts verstand, sagte aber zu Benedikt in einem Ton, der Bewunderung ausdrücken sollte: »Klasse!«

Vier Wochen, sagte Benedikt, hätten sie dafür gebraucht, sein Vater und er. Jeden Tag nach Feierabend bis tief in die Nacht gemörtelt, gemauert, Steine gesetzt. Nur sonntags hätten sie geruht. Und das sei das Ergebnis, sagte er stolz, ging noch näher heran an den Kamin, zog auch Kreutz mit, stand dann da wie der Katholik vorm Bildnis der Mutter Gottes und schaute sozusagen andächtig. Kreutz sagte, Benedikt könne stolz sein auf dieses Werk, und dass er so etwas geschaffen habe, zeige, welch ungeahnte Talente in ihm steckten, also er, Kreutz, würde so etwas ja nie schaffen, das Talent, etwas zu bauen aus Mörtel und Stein, habe er nicht, selbst der Bau eines einfachen Vogelhauses sei für ihn eine Aufgabe, an der er jedes Mal scheitere, obschon sein Vater Handwerker sei, ihm, Kreutz, das Bauen also eigentlich in den Genen stecken müsse. Aber Benedikt schaffe so etwas, insofern, Benedikt, mein lieber Freund, Respekt, Respekt.

Kreutz bemerkte, wie der seine Worte aufsog wie der Schwamm das Wasser. Benedikt wollte offenbar gelobt werden und Kreutz hatte ihn, wie er meinte, so gelobt, wie Benedikt offenbar gelobt werden wollte. Erst jetzt erlaubte Benedikt, dass Kreutz sich setzen durfte. Auf die gepolsterte Couch in Burgunderrot. Die war ja ziemlich weich. Kreutz hatte, sobald er saß, das Gefühl, er werde von dieser Couch verschlungen.

Was er trinken wolle, fragte Benedikt, der immer noch stand und seinen Kamin anschaute wie etwas, das unglaublich ist. Fast hätte Kreutz gesagt: Rotwein. Aber Rotwein zu verlangen ging hier nicht. Er befand sich ja im Haus eines Alkoholikers. Wenngleich Benedikt seit über einem

Jahr trocken war. Aber doch immer noch Alkoholiker. Einmal Alkoholiker, immer Alkoholiker. Das hatte ihm Benedikt einmal gesagt. Und erklärt: Seit 1968 sei Alkoholismus offiziell als Krankheit anerkannt. Da er über Jahre hinweg gesoffen habe wie ein Loch, sei er eben jetzt stigmatisiert. Alkoholiker per definitionem sozusagen. Für immer und ewig. Absolut geheilt sei einer wie er ja nicht. Das sei bei ihm anders als bei einem, der sich das Jochbein breche oder das Handgelenk. So ein Bruch sei irgendwann geheilt. Seine Krankheit indes heile nie. Die Gefahr, rückfällig zu werden, bestehe gleichsam jeden Tag. Deswegen: Einmal Alkoholiker, immer Alkoholiker.

Kreutz verlangte Apfelsaft. Sofern Benedikt so etwas überhaupt im Hause habe. Habe er, sagte Benedikt. Aber einen guten Roten habe er auch, ein Relikt aus seiner alten Säuferzeit, wenn Kreutz wolle, er könne die Flasche rasch aus dem Keller holen, er wisse doch, wie gern Kreutz Rotwein trinke, und ihm, Benedikt, mache das auch überhaupt nichts mehr aus, dabeizusitzen und zuzusehen, wie andere tränken, er könne das mittlerweile ganz gut ab.

Kreutz schüttelte energisch den Kopf, wiederholte und versuchte dabei bestimmt zu klingen: Apfelsaft. Kriege er den, sei er der zufriedenste Mensch der Welt.

Wie du willst, sagte Benedikt, zuckte die Schultern, drehte sich auf dem Absatz wie ein Soldat, der nach dem Appell wegtreten darf, verschwand in seine Küche, sodass man ihn von der Wohnstube aus nicht mehr sah.

Das war also Benedikts Haus. Und so wohnte der also. Bürgerlich, dachte Kreutz. Dass der zwischen diesen vielen Blumen und Grünpflanzen existieren konnte, erstaunte ihn nun doch. So hatte Kreutz den gar nicht eingeschätzt: Benedikt, der Blumenfreund. Und dann dieser Kamin! Wie der den heraushob! Wie etwas, das anbetungswürdig sei. Und dabei war das doch nur ein einfacher Kamin,

etwas Gemauertes mit einer Öffnung, in die man Holzscheite hineinlegte, die herunterbrennen würden, sobald
man sie entzündet hatte. Kreutz dachte: Jeder soll leben,
wie er will. Hauptsache, man war zufrieden mit diesem
Entwurf, den man für sein Leben hielt. Benedikt war
offenbar zufrieden. Der hatte seinen Lebensort gefunden. Der war angekommen. Hier. In diesem Haus. Vor seinem Kamin. Auch das ist Glück, dachte Kreutz, wenn man
nicht mehr suchen muss, sondern sich irgendwo nieder-
lassen kann wie für immer. Ein Mann muss wissen, wohin
er gehört, dachte er. Benedikt wusste es offenbar, Kreutz
noch nicht.
Benedikt brachte Gläser herbei, eine Karaffe voll Apfelsaft, stellte Saft plus Gläser auf den Buchenholztisch, goss
ein. Bevor er sich setzen konnte, musste der noch einmal zu seinem Kamin. Benedikt legte Holzscheite hinein,
dazu etwas Quaderförmiges, ein Brikett in Weiß, eine Art
Anzünder offenbar, warf ein Zündholz drauf, es brannte,
Benedikt nickte, setzte sich, streckte die Beine lang aus,
legte lässig seine Arme auf die Sessellehnen, saß wie ein
König auf seinem Thron, schaute ins Feuer, lächelte, nickte
wieder, sagte: »Schön.«
Kreutz hob sein Glas, sagte: »Auf dein Lebenswerk, Benedikt!«
»Auf mein Lebenswerk«, sagte Benedikt und hob ebenfalls sein Glas. Jeden Abend, sagte er, sitze er hier vor seinem Kamin. Und zwar genau so wie jetzt. Und genieße.
Die Wirkung, die von diesem Feuer ausgehe. Selbst wenn
er spät aus seiner Firma zurückkehre, wenigstens eine
Stunde gönne er sich das, dieses Schauspiel im Kamin,
wenn Feuer Materie verbrennt. Am liebsten würde er
ja nur noch vor diesem Kamin sitzen, mit seiner Annegrit, Händchen haltend wie ein verliebtes junges Paar, die
Wärme spüren, die von diesem Feuer ausgeht.

»Und von Annegrit«, sagte Kreutz.

»Und von Annegrit«, sagte Benedikt und nickte.

Er wisse auch nicht, warum ihm das gut tue, er wolle dieses Gefühl auch nicht begründen. Suche auch keine Begründung. Verlange nach keiner Begründung. Ihm reiche es zu wissen, dass es ihm gut tue, dieses Sitzen, diese Wärme, dieser Kamin.

»Und Annegrit«, sagte Kreutz.

»Und Annegrit«, sagte Benedikt und nickte.

Plötzlich wuchtete der sich aus seinem Sessel, als wenn ihm etwas eingefallen wäre, was er jetzt noch ganz dringend erledigen müsse, ging zu einem Sideboard, öffnete eine Schublade, suchte etwas, fand etwas, kam mit einer kleinen länglichen flachen Pappschachtel zurück, darin erkennbar, sobald er den Deckel geöffnet hatte, Fotografien. Ein Bild griff er heraus, reichte es Kreutz, sagte: »Wir.«

Das Foto zeigte einen älteren bärtigen Mann plus Benedikt. Beide in blauen Overalls. Beide ziemlich verschmutzt. Im Hintergrund zu sehen: der Kamin. Davor: Vater und Sohn. Benedikts Vater hat seinem Sohn einen Arm auf die Schulter gelegt. Beide grinsen breit in die Kamera. Stolze Gesichter nach gemeinsam vollbrachter Tat. Ein schönes Foto, dachte Kreutz. So ein Foto gab es von ihm und seinem Vater nicht. Soweit er sich erinnern konnte, gab es in seiner Fotosammlung kein einziges Bild, das ihn mit seinem Vater zeigte. Selbst als Kreutz ein kleines Kind gewesen war: ein Foto mit dem Motiv *Stolzer Vater mit Sohn auf dem Arm* gab es nicht. Meistens zeigten die Fotos ihn, Kreutz, allein. Auf einigen war auch seine Schwester Evelinde zu sehen, eher selten auch seine Mutter. Und wenn er mit seiner Mutter zu erkennen war, dann waren das typische Festtagsfotografien, Weihnachtsbilder zum Beispiel, dokumentierend, wie die Mutter dem Sohn ein

Geschenk überreicht oder der Sohn der Mutter oder wie der Sohn das Geschenk, das er von der Mutter erhalten hat, auspackt und die Mutter steht am festlich gedeckten Tisch oder sitzt im Sessel und schaut zu, wie der Sohn das Geschenk auspackt. Solche Fotos besaß er in großer Zahl, aber so ein Vatersohnfoto wie Benedikt besaß Kreutz nicht.

Kreutz gab Benedikt das Foto zurück, der es dann betrachtete, als sehe er das selbst zum ersten Mal. Benedikt sagte: »Der ist 68 und ein prima Kerl.«

»Ein echter Neumann eben«, sagte Kreutz.

»Und ob«, sagte Benedikt und steckte das Vatersohnfoto in die Schachtel zurück, suchte wieder, kramte ein anderes Foto hervor, reichte es Kreutz.

»Und das bin ich«, sagte Benedikt, »vor drei Jahren.« Kreutz erkannte einen abgemagerten, blassen, unrasierten Mann im löwenzahngrünen Schlafanzug. Die Augen liegen tief in den Höhlen, die Wangenknochen bohren sich fast durch die Haut, die Unterarme so dünn wie bei einem Mädchen. Kreutz dachte: wie jemand, der gleich stirbt.

»Aufgenommen in Herborn«, sagte Benedikt, »während der letzten Entgiftungskur.« Und heute? Er, Benedikt, sei wieder voll da. Aber wie er da sei! Gesund und kräftig fühle er sich wie Herkules. Und der Zukunft zugewandt, das sei seine Devise, jetzt. Und danach lebe er. Auch wenn er arbeiten müsse zehn oder zwölf Stunden am Tag – er lebe. Sein Leben. Und sei dankbar dafür. Dass er wieder leben könne. Und leben dürfe. Wisse, dass das Leben auch schön sein könne. Das Leben jetzt: eine Freude, ein Genuss. Dass er wieder voll da sei, sagte Benedikt, habe er nicht in erster Linie den Ärzten zu verdanken. Auch nicht den Therapeuten, Psychologen, Neurologen. Nein, dass er, Benedikt Neumann, heute wieder arbeite wie jedermann, lebe wie jedermann, im Leben stehe wie jedermann, das habe er vor allem seinem Vater zu verdanken. Wäre der nicht gewesen, er, Benedikt, wäre heute schon Aas. Er hätte ja auch weitersaufen können. Sich zu Tode saufen, das sei ja zunächst sein Ziel gewesen. Nachdem er die Frau nicht gekriegt habe, die er habe kriegen wollen. Haut die einfach ab und kehrt zurück zu ihrem Ehemann! Und lässt ihn, Benedikt, allein. Also Verrat. Begangen an einem, der liebt. Begangen an ihm, Benedikt Neumann. Was für eine Frau, was für eine Zeit! Lust pur! Nackt durch den Wald seien sie gerannt! Die Orte, wo sie es miteinander getrieben hätten, könne er gar nicht zählen! Zwei Jahre mit der ein einziger Rausch! Eine Orgie der Gefühle! Und dann der Showdown. Der Absturz. Aus absoluter Höhe. Seitdem die weg sei von ihm: jeden Tag Suff, bis die Glocke glüht. Wodka statt Brot. Über Monate hinweg. Bis er in den Glastisch stürzt. Scherben im Hals, Scherben in der Brust. Kopfüber liegt in einem See von Blut. So habe ihn sein Vater gefunden in seiner Mietwohnung im Souterrain. Dann die vierstündige Operation, dann Herborn, zum x-ten Mal. Die entscheidende Frage dann: Leben oder Leichensack. Er, Benedikt, habe sich fürs Leben entschieden. Warum? Weil sein Vater einen Satz gesagt habe, der für ihn, Benedikt, gewesen sei wie Offenbarung: Junge, schmeiß dein Leben nicht weg, wenn du weißt, dass es wenigstens noch einen Menschen gibt, der dich liebt. Zerstörst du dich, zerstörst du den, der dich liebt. Und dann hätte ihn der Vater umarmt und sie hätten geweint, beide, zwei erwachsene Männer, sich umarmt und geweint in diesem kalten sterilen Krankenhauszimmer in Herborn-Süd. Und nach diesem Vatersatz habe er, Benedikt, entschieden: Leben statt Leichensack.

Kreutz hob sein Glas, sagte: »Auf das Leben, Benedikt!« »Auf das Leben, Cornelius!«, sagte Benedikt, hob ebenfalls sein Glas, trank, stellte das Glas ab, schaute wieder zum Kamin.

Die meisten hätten ihn ja irgendwann aufgegeben, sagte Benedikt, selbst seine beiden Brüder hätten sich distanziert von ihm, dem Säufer, der das Ansehen der Familie zerstört, und seine Mutter habe fast nur noch geweint und einmal gesagt: Benedikt, wenn du meinst, dass du dich zu Tode saufen musst, dann sauf. Ich habe keine Kraft mehr, ich kann dich nicht mehr retten.

Benedikt verstummte. Auch Kreutz schwieg. Was sollte er auch sagen? Er kannte Benedikts Mutter nicht.

Dann die Freunde, Bekannten, Leute aus der Nachbarschaft, sagte Benedikt und schüttelte heftig den Kopf. Man habe ja gar keine Vorstellung davon, wie schnell das gehe, dass man plötzlich gar keinen Menschen mehr hat, sondern nur noch Pack, das sich abwendet von dir, weil du nicht mehr so bist wie jedermann. Weil du dem Bild nicht mehr entsprichst, das die Norm definiert. Ein Bürgermeister darf eben kein Säufer sein. Und ein Ehebrecher schon gar nicht, nicht wenn man Bürgermeister ist in einem Ort, in dem der Katholizismus die öffentliche Moral diktiert. Dass das auch Ursachen hat, warum du säufst, danach fragt man nicht. Das Pack sieht nur: Der Benedikt, unser Bürgermeister, säuft. Und hurt. Und säuft, weil er die Frau, die die anderen Hure nennen, nicht kriegt, immer mehr. Und mit einem, der so schamlos die guten Sitten diskreditiert, will man nichts zu tun haben. Zum Beispiel seine so genannten Parteifreunde aus der CDU. Wenn er das Wort schon höre: *Parteifreund*. Dass er nicht lache! Ein Euphemismus sei das! Die Steigerung von Feind?! Parteifreund! Die habe er aber kennen gelernt, damals, die so genannten Parteifreunde! Keiner von denen habe an seinem Krankenhausbett gesessen, keiner habe ihn besucht, gefragt, ob man ihm helfen könne und wie. Keine Karte, kein Brief, kein Anruf, Besuch, Blumenstrauß, nichts. Im Stich gelassen hätten sie ihn, die so genannten Parteifreunde, aber durch die Bank! Und dann die ach so lieben Nachbarn! Irgendwann hätten die ihn ja nicht mehr gegrüßt. Weggedreht hätten die sich, wenn er ihnen begegnet sei. Früher hätten sie schon gerufen von weither: »Guten Tag, Herr Bürgermeister!« Später, als bekannt war, dass er säuft, sei man ihm ausgewichen, als ob er einen Ausschlag habe, der ansteckend sei. Kurzum: Als er ganz unten war, sich ins Delirium soff Tag für Tag, weil es anders, wie er meinte, nicht auszuhalten war, hatte er plötzlich niemanden mehr. Parteifreunde, Freunde, Bekannte, Nachbarn – alle weg. So habe er das erlebt. Und daraus gelernt: Bist du wie jedermann, bist du willkommen. Bist du nicht wie jedermann, nagelt man dich ans Kreuz und ergötzt sich daran, wie du langsam verreckst an dir selbst. Wenn er je verstanden habe, was der Mensch sei, dann in jener Zeit, als gar nichts mehr ging. Der Mensch? Schamott! Nur einer nicht.

»Dein Vater«, sagte Kreutz.

»Genau«, sagte Benedikt und nickte. Dabei sei das auch für den nicht leicht gewesen, als Vater durch die Welt zu gehen mit dem Wissen, dein Sohn säuft und säuft und eine Rettung gibt es nicht. Aber der sei da gewesen, jeden Tag, in Herborn, in der Klinik, habe an seinem Bett gesessen, gebetet, dass er, Benedikt, überlebt. Wäre sein Vater nicht gewesen, Karl-Friedrich Neumann, und hätte der nicht zum richtigen Zeitpunkt am richtigen Ort zu ihm gesagt diesen alles entscheidenden Satz, er, Benedikt, wäre heute nicht mehr: Junge, schmeiß dein Leben nicht weg, wenn du weißt, dass es wenigstens noch einen Menschen gibt, der dich liebt. Zerstörst du dich, zerstörst du den, der dich liebt.

Kreutz schaute ins Kaminfeuer wie Benedikt, nickte bei jedem Satz, den der sprach.

Kreutz hob sein Glas, sagte: »Auf deinen Vater, Karl-Friedrich Neumann!«

»Auf meinen Vater!«, sagte Benedikt, hob ebenfalls sein Glas, trank, stellte das Glas ab, suchte wieder etwas in seiner flachen länglichen Pappschachtel.

»Hier!«, sagte Benedikt und hielt einen Umschlag in der Hand. Diesen Brief, sagte er, habe ihm der Vater geschrieben, kurz bevor er, Benedikt, aus dieser Herborner Klinik entlassen worden sei. Ob er Kreutz diesen Brief vorlesen dürfe.

Kreutz bat darum.

Benedikt zog den Brief aus dem Umschlag, entfaltete ihn, atmete hörbar ein und aus, wie jemand, der gleich etwas tun muss, was Mut verlangt, las dann laut vor: *Mein lieber Sohn! Was hinter dir liegt, lass hinter dir, was vor dir liegt, das ist das Leben. Gemeinsam, du und ich, Vater und Sohn, werden wir das schaffen. Es wird hart werden, für dich, für mich, das müssen wir wissen, aber wir werden es schaffen. Ich will, wenn du willst. Es wird ein schwieriger Weg, das weiß ich, das weißt du. Aber du sollst wissen: An deiner Seite bin ich. Ich stütze dich, wenn du wankst, ich trage dich, wenn du nicht mehr laufen kannst. Ich will dich nicht verlieren. Das Schlimmste, das es für einen Vater geben kann, der seinen Sohn liebt: Wenn der Sohn vor dem Vater geht. Tu mir das, bitte, nicht an. Bleib in dieser Welt. Und, bitte, nicht wieder zurück. Nur nach vorn. Voran. Du und ich. Also lass uns gehen. Die Richtung ist klar: vorwärts. Langsam, Schritt für Schritt, aber vorwärts. Nur vorwärts. Und der Rest ergibt sich von selbst. Junge, ich hab dich lieb! Vergiss das nicht.*
Dein Vater

Benedikt faltete den Brief zusammen, steckte ihn in den Umschlag zurück, legte Brief plus Umschlag in die Pappschachtel, verschloss die Schachtel mit dem Deckel, der auf dem Wohnzimmertischchen lag. Kreutz erkannte sofort: Benedikts Augen schimmerten nass. Auch Kreutz hätte jetzt am liebsten ein bisschen geweint. Ihm war danach. Nach diesem Brief. Dieser Brief war ein Dokument, aus dem die Liebe sprach. Die ein Vater empfand für seinen Sohn. Mein Gott, dachte Kreutz, was es doch für wunderbare Väter gab!

Benedikt stand auf, ging zum Sideboard zurück, legte die Schachtel mit Fotografien und Brief wieder hinein, schloss die Schublade, verschwand erneut in seiner Küche, sodass Kreutz den nicht mehr sah. Aber hören, dass Benedikt schluchzte, konnte er schon. Wer einen solchen Brief von seinem Vater erhält, der durfte auch ein bisschen weinen als Mann. Kreutz musste sich jetzt eingestehen, dass er Benedikt beneidete. Der hatte einen Vater, wie er, Kreutz, nie einen gehabt hatte. Und nie einen haben würde. Was gab es Schöneres, als zu wissen als Sohn, dass man einen Vater hat, der einen liebt. Der das zeigt. Zeigen kann. Auch sagen kann. Ausdrücken kann. Und sei es durch einen Brief. Benedikt wusste jetzt: Da ist ein Mensch, der dich liebt, ganz und gar und ohne jede Verstellung. Ein Mensch, dem du wichtig bist und dem etwas ganz Wesentliches fehlt, bist du nicht mehr da. Auf dieses Wissen lässt sich ein Leben gründen, das trägt. Und Kreutz? Was war denn er für den, der sein Vater war? Hatte es je eine Situation gegeben, die ihm signalisierte, dass er seinem Vater wichtig sei, dass dem etwas fehlte, wäre er, Kreutz, nicht mehr da? Auch wenn er sich anstrengte, in seiner Erinnerung Situationen aus Kinder- oder Jugendtagen aufsteigen ließ wie Wasserblasen – da war nur nichts. Beziehungsweise Trauriges, Kränkendes, Unangenehmes. Das war es: Dachte Kreutz an seinen Vater, dachte er an Unschönes. Davon trug er reichlich in sich. Seine Erinnerung an seinen Vater: ein Überschuss an Unschönem. Und das gärte. In ihm. Füllte ihn aus wie Gas einen Ballon. Wenn Weihnachten war –

nie eine Umarmung, nie ein persönliches, vom Vater für ihn ausgewähltes Geschenk. Wenn Kreutz Geburtstag hatte – nie eine Umarmung, nie ein persönliches, vom Vater für ihn ausgewähltes Geschenk. Nie ein Lob, ein liebes Wort, wenn Kreutz etwas geleistet hatte, das noch nie jemand aus der Kreutzsippe geleistet hatte. Selbst als er Studienrat geworden war: kein stolzes Vatergesicht, kein Schulterklopfen, kein *Junge, das hast du gut gemacht*. Stattdessen hatte Kreutz unten im Hausflur tatsächlich von dem hören müssen diesen Spruch: Was denn, im Vergleich zum Handwerk, ein Studienrat sei – Meister oder Geselle? So etwas tat weh. Verursachte einen Schmerz, der nie mehr vergeht.

Ob Benedikt, sobald der wieder zurückgekehrt war, dann noch im Einzelnen registrierte, was Kreutz zu berichten hatte, wusste er nicht. Er hatte das Gefühl, Benedikt höre ihm gar nicht mehr richtig zu. Der schaute, während Kreutz fast eine Stunde lang sprach, fast nur noch zum Feuer hin. Wie betäubt saß der in seinem weichen Polstersessel in Burgunderrot oder wie in Trance. Hatte aber die Augen geöffnet. Nahm also noch alles wahr. Und so still hatte Kreutz den auch noch nie erlebt. So in sich ruhend. Selig fast. Kreutz wusste auch nicht, warum er das dachte, aber er dachte: Der sitzt wie ein buddhistischer Mönch. In der Welt und doch nicht in der Welt. Da und doch nicht da. Ach, Benedikt, dachte Kreutz, wie weit du schon bist. Mit dir. Und überhaupt. Dagegen er, Kreutz?

Um elf wollte er wieder los. 80 Kilometer zurück vom Westerwald nach Berleburg – das braucht Zeit. Außerdem musste Kreutz morgen früh ausgeruht sein. Der Umzug, der Transport. Möbel waren schließlich abzubauen, Kisten zu packen. Schon übermorgen ging's los, schon übermorgen würde er nicht mehr im Elternhaus sein, also nicht mehr in der Nähe dessen, der sein Vater war.

Als sie sich verabschiedeten, umarmten sie sich wie zuvor, klopften sich auf die Schulter, wie Männer das so machen, wenn sie gut befreundet sind.

»Pass auf dich auf«, sagte Kreutz.

»Und du auf dich«, sagte Benedikt.

»Wir bleiben in Verbindung«, sagte Kreutz.

»Und ob«, sagte Benedikt.

Dann sagte der und sah Kreutz dabei fest in die Augen: »Ich bin froh, Cornelius, dass es dich gibt, du, ein letzter Freund, der mir noch geblieben ist. Der sogar Schriftsteller geworden ist. Etwas geschaffen hat, das bleibt. Das also richtig ist. Und als Freund sage ich dir: Schreiben ist dein Weg. Das ist deine Mission. Dass du bereit bist für diese Mission, zeigt dein erster Roman. Du musst schaffen, Cornelius! Schaffen ist sein wie Gott. Du bist bestimmt dazu, zu sein wie Gott. Da, um zu schaffen. Schreiben als Antwort auf die Frage, warum. Leben und sein und überhaupt. Schaffen ist Freude. Schaffen ist Lust. Das hast du mir gesagt. Ist Schaffen gleich Lust, wird, was werden wird, gut. Also: schaff was! Viel Zeit bleibt auch dir nicht mehr. Du bist 44. Da ist der Tod bereits näher als das Datum der eigenen Geburt. Also vergeude nicht länger deine Zeit mit einer Tätigkeit, die dich nicht weiterbringt. Schule bringt dich nicht weiter. Schule ist Hindernis. Für einen, der schafft. Schaffen muss. Also lass zurück, was dich nicht weiterbringt! Du musst dich entscheiden, bald, ehe es zu spät ist, ehe es dich vielleicht wieder packt, dieses Mistvieh, das sich Krankheit nennt und einen anfällt hinterrücks wie ein Terrorist. Lass es nicht kommen dazu, Cornelius! Ich weiß, was du kannst, und du weißt auch, dass du es kannst – also schaff was und geh deinen Weg, der ein Weg des Schaffens ist. Versprich mir das, Cornelius, hier und jetzt, ein Versprechen, das ein Freund gibt einem Freund.«

Kreutz versprach's, auch wenn er nicht genau wusste, was er Benedikt versprach.

»Du wirst es packen!«, sagte Benedikt.

Kreutz nickte. Fühlte sich wie betrunken. Von Wörtern betrunken. Was dieser Freund alles für möglich hielt! Kreutz dachte: Dieser Abend wird bleiben. Wenn auch vieles in deiner Erinnerung versinkt, untergeht wie Quarzit im Schlamm, diese Benedikt-Rede bleibt. Als Ereignis. Impuls.

Dann löste sich Kreutz von seinem Freund, stieg in seinen TT, wendete auf dem Vorplatz, bog in die Hauptstraße ein. Benedikt stand noch immer unter der Tür, winkte ihm nach. Also winkte auch Kreutz noch einmal zurück. Dann gab er Gas. Bis Mitternacht, spätestens, wollte er wieder zu Hause sein. Beziehungsweise in seiner Wohnung im Dachgeschoss.

12

Am liebsten hätte er ja zu dem heute Morgen gesagt: *Pack mal eben mit an!* Aber Kreutz hatte es sich verkniffen, einen Ton zu wählen, der nicht sein Ton war. Also hatte er alle Kisten und Kartons allein gepackt. Auch das große Sideboard aus Chrom und Glas hatte er allein demontiert. Für das, was er jetzt vorhatte, brauchte er keine Hilfe. Am wenigsten von seinem Vater. Der aber war, offenbar durch den Lärm im Dachgeschoss irritiert, irgendwann heraufgekommen zu ihm, stand plötzlich in seiner Bibliothek und schaute sich um wie einer, der jetzt gar nichts mehr begreift. So beiläufig als möglich hatte der gefragt, was Kreutz vorhabe. Ebenso beiläufig wie möglich hatte Kreutz geantwortet: Er ziehe aus. Der Vater: Ach. Kreutz: Er habe in Göttingen eine Altbauwohnung angemietet, schon morgen gehe der Transport. Der Vater hatte gestanden und geschaut. Kreutz: Er brauche eben alle seine Bücher und Unterlagen und mehr Platz brauche er auch. Außerdem wolle er nicht mehr so häufig diese weite Strecke fahren, 157 Kilometer hin, 157 Kilometer zurück, die Spritkosten fräßen ihn zunehmend auf. Der Vater hatte nur gestanden, mit seinem Kopf gewackelt, wie das einer so macht, der den Tremor hat, tick tack tick tack, wie das Pendel einer Uhr, schweigend zugeschaut, wie Kreutz nicht nachließ, Bücher und Aktenordner zu verstauen in Kisten und Kartons. Irgendwann hatte der dann noch gefragt, was denn jetzt mit dem Haus sei, wer das denn übernehme, er oder Evelinde. Kreutz hatte nur mit den Schultern gezuckt, gedacht, was ging ihn das Haus an. Dann hatte sich der Vater noch einmal laut geräuspert, sodass Kreutz wieder erschrak, war nach unten in seine Wohnung gegangen, in die Küche, in der er sich dann verschanzt hatte den ganzen Tag.

Jetzt, am Dachfenster stehend und rauchend, dachte Kreutz: Zum Glück hatte er noch Ottmar Nebel. Der war ja arbeitslos, hatte also Zeit. Und würde ihm, Kreutz, morgen helfen können beim Transport. Sabrina hätte ihm auch geholfen, aber die wollte, wie sie ihm heute Morgen mitgeteilt hatte, mit Henri und Pascal über Ostern an den Rhein. Nach St. Goarshausen. Da war Kreutz mit Sabrina auch schon gewesen. Zehn Jahre, mindestens, war das jetzt her. Von ihrem Hotel, in dem sie die so genannte *Fürstensuite* gebucht hatten, konnte man hinüber- und hinaufschauen auf die Loreley. Zwölf Tage hatten sie damals am Rhein verbracht. Schöne Tage, Tage wie Swing. Und jeden Abend hatten sie sich geliebt. Sogar draußen auf dem Balkon. Das hatte schon was. Sie, Sabrina, wie sie ihren Oberkörper auf das Balkongeländer stützt. Bekleidet, weil es Sommer ist, nur mit schwarzem Slip und BH. Er hinter ihr. In Shorts. Dämmerung. Die Mondsichel, die im Himmel hängt wie ein schnurloser Angelhaken. Unten glitzert, funkelt der Rhein, dieser mächtige Strom. Vereinzelt noch ein Containerschiff mit grün und rot und blau blinkenden Positionslampen. Unter ihnen, auf dem Parkplatz, ist es ruhig; drüben im Biergarten sitzt noch Volk, das lacht. Sabrina und er hatten Wein getrunken, sich an dem Bild berauscht, das sich ihnen bot: die Loreley, die Dämmerung, der Rhein. Und man war frei, keine Aufgabe drängte, keine Pflicht. Sie also vor ihm, er hinter ihr und über ihnen Sternengefunkel mit Mond und vor ihnen dieser große rauschende Strom und drüben der wie eine Faust in den Himmel ragende Felsen der Loreley. Hätte ihn Sabrina an diesem Abend gefragt, ob er ein Kind wolle von ihr, er hätte Ja gesagt, sofort. Er wäre bereit gewesen für alles an diesem Abend. Selbst für ein gemeinsames Kind. Aber sie hatte ihn nicht gefragt. Sie hatte ihn auch später nicht mehr gefragt. Offenbar war für sie zu diesem Zeitpunkt ein Kind mit ihm nicht mehr in Frage gekommen. Im Jahr darauf war man noch auf Rügen gewesen, dann war Sabrina weg. Weil sie die Schnauze voll gehabt hatte von ihm. Von seiner Arbeitswut, seiner Karrieregeilheit, seinem Fundamentalegoismus. Und heute hatte sie das Kind, das sie in den ersten Jahren ihrer Beziehung noch so sehr gewollt hatte von ihm und seit St. Goarshausen nicht mehr von ihm gewollt hatte, von einem anderen. Von Ottmar Nebel eben. Der für Sabrina gewesen war Mittel zum Zweck, dachte Kreutz. Der hatte nicht lange gefackelt und Sabrina das Kind gemacht, das Kreutz ihr eigentlich hätte machen sollen. Hättest du ihr das Kind gemacht, dachte er jetzt, wer weiß, wo du heute stündest, wie dein Leben verlaufen wäre als Mann. Aber zu spät. Er hatte seine Chance gehabt. Und sie nicht genutzt. Auch später, als Sabrina von Ottmar die Scheidung wollte, Sabrina also wieder frei gewesen war, hatte er seine Chance nicht genutzt. Ottmar Nebel war für Kreutz kein Konkurrent. Nicht, wenn es um Sabrina ging. Sabrina hatte ihn, Kreutz, geliebt. Das hatte sie ihm gesagt, das hatte sie ihm geschrieben in vielen Briefen, die er noch erhalten hatte von ihr, als sie schon längst mit Ottmar verheiratet gewesen war. Kreutz hätte durchaus wieder landen können bei ihr. Sie hatte gewartet. Auf ihn. Zunächst. Auch dass er endlich etwas sagt, das sie hören will, zum Beispiel: Ich will dich und den Jungen und sorgen für euch, bis es mich nicht mehr gibt. Aber Kreutz hatte gepatzt. Für Familie, fand er, war er nicht der Typ. Auch wenn er Sabrinas und Ottmars Sohn, den kleinen Henri, liebte wie ein guter Vater sein eigenes Kind. Und eine dritte Chance, das wusste Kreutz, kriegte er nicht. Jetzt hatte Sabrina ihren Pascal. Liebte den, wie sie Kreutz geliebt hatte, als noch alles möglich gewesen war. Liebte einen, dem das Glied nicht mehr stand. Und mit dem fuhr die also morgen, wenn Kreutz nach Göttingen fuhr, nach

St. Goarshausen. An einen Ort, der doch in Sabrinas Erinnerung durch Kreutz definiert worden war! Kreutz verstand das nicht. Verstand Sabrina nicht.

Kreutz spie Speichel in die Nacht, schloss das Dachfenster, öffnete noch einmal den Karton, in dem sich seine Bluessammlung befand, suchte eine CD, die seiner momentanen Stimmung entsprach, entschied sich für Joe Louis Walker, *New Direction*, legte die in seinen CREEK CD 50 MK II, drückte auf Start. Dann setzte er sich in seinen Ledersessel, gab sich dem Blues hin, dachte: Eine Nacht noch und dann ist das hier vorbei. Alles hat eben seine Zeit. Auch das Verhältnis Vater und Sohn. Das nie ein Verhältnis war. Benedikt Neumann, ja, der konnte, wenn er von seinem Vater erzählte, auf ein Vatersohnverhältnis hinweisen, wie es nicht nur wünschbar, sondern auch möglich war. Kreutz, wenn er von seinem Vater erzählte, musste aufpassen, dass seine Aussagen nicht einen Ton annahmen, aus dem die pure Verachtung sprach. Sich frei machen von um frei zu sein für. Sabrina, Katharina, seine Mutter: Die hatten ihm vorgelebt, wie man das macht, wenn ein Mensch in deinem Leben nur noch Hindernis ist. Entscheidung treffen, aufstehen, weg. So einfach war das. So musste man das machen. Seine Zeit hier im Elternhaus war abgelaufen. Endgültig. So wie auch seine Zeit mit Sabrina abgelaufen war, mit Katharina.

Aber so leicht es ihm jetzt fiel, sich in Gedanken von Katharina oder Sabrina zu lösen, so schwer fiel es ihm, sich von seinem Vater zu lösen. Der beherrschte ihn eben doch. Noch. Im Kopf. Dass ein einziger Mensch das denkende Bewusstsein eines anderen Menschen so radikal bestimmen kann, dachte Kreutz, ist schon verrückt. Und dabei konnte er dem doch überhaupt nichts Schlimmes vorwerfen! Also, geschlagen mit der Hand oder einem Stock oder einem Gürtel hatte der ihn, als Kreutz noch ein Kind gewesen war, ja nicht. Auch war er nie von dem in den Keller gesperrt worden, weil Kreutz mal wieder einer Puppe seiner Schwester den Kopf abgerissen hatte. Und dass der ihn angeschrien oder angebrüllt hatte, weil Kreutz mal wieder im Haus etwas kaputtgemacht hatte, ein Rehbockskrönchen zum Beispiel, das im Kissenschlachtspiel mit Evelinde von der Wand gefallen und auf dem Wohnungsboden in drei, vier Teile zersprungen war, das war, wie er sich jetzt erinnerte, auch nie vorgekommen. Also, körperlich hatte ihn der Vater nie gestraft. Für Backpfeifen oder einen Schlag in den Nacken oder auf den Po war immer die Mutter zuständig gewesen. Überhaupt für Erziehung. Standardspruch des Vaters, wenn es um Erziehung ging: »Deine Kinder, deine Pflicht.« Dass der Vater so gesprochen hatte, wusste er von seiner Mutter. Die hatte ihm, Kreutz, auch einmal gesagt: »Wenn dein Vater ein Spezialist war, dann darin, wie man sich vor allem, was menschlich Mühe macht, drückt.« Wenn sich Kreutz und Evelinde stritten und es gab Geschrei und Geplärr: Nie schritt der Vater ein. Führten sich die Kinder wieder einmal auf wie im Krieg, stand der Vater vom Küchentisch auf und verschwand ganz rasch in sein Arbeitszimmer oben unter dem Dach oder in seine Werkstatt, die im Erdgeschoss lag. Auch später, dachte Kreutz, als er ein junger Mensch gewesen war, Entscheidungen treffen musste, die sein Leben betrafen: Der Vater hielt sich aus allem fein heraus. Kreutz wollte Bäcker werden; der Vater: »Wenn du meinst.« Kreutz wollte Soldat werden in einer Kampfkompanie; der Vater: »Wenn du meinst.« Kreutz wollte wieder lernen, das Abitur machen, studieren an einer Universität; der Vater: »Wenn du meinst.« Weiter nichts. Gesessen und gegessen am Küchentisch, sich das angehört, was Kreutz zu sagen hatte, dann kurz aufgeschaut, gesagt: »Wenn du meinst.« Und hatte ihn, den Sohn, machen lassen. Weil es, wie Kreutz jetzt fand, das Einfachste war. Weil sich, wer sich so verhält, nicht einlassen muss auf den, den es betrifft.

Aber wirklich etwas vorwerfen, etwas Handfestes, konnte Kreutz dem Vater nicht. Ignoranz als Straftatbestand sah das Bürgerliche Gesetzbuch nicht vor. Es gab auch kein moralisches Gesetz, das besagt, dass ein Vater Fußball zu spielen hat mit seinem Sohn oder ihm zeigt, wie man Kieselsteine wirft über den Fluss, sodass sie drei-, viermal springen. Es gab kein moralisches Gesetz, das besagt, dass sich ein Vater zu erkundigen hat bei seinem Kind, wie es ihm geht, wenn das Kind schon erwachsen ist und Geld verdient in einer weit entfernten Stadt. Und es gab kein moralisches Gesetz, das besagt, dass ein Vater sein Kind wenigstens ein Mal zu loben hat für das, was das Kind in seinem Leben erreicht hat aus eigener Kraft. Alle diese Gesetze gab es nicht. Also hatte sein Vater gegen kein Gesetz verstoßen. Sein Vater, so gesehen: frei von Schuld. Aber Kreutz wollte an diesem Abend auch nicht richten. Wozu auch? Als Richter musste man objektiv sein und nach Abwägung aller Fürs und Widers zu einem sachlich fundierten und zweifelsfreien Urteil gelangen. Das konnte Kreutz nicht: objektiv sein. Zu richten über einen Menschen, den man eigentlich gar nicht kennt: Das ist Anmaßung pur. Welches Urteil eines Tages über diesen Menschen gefällt werden wird, der dein Vater ist, das ist Aufgabe einer anderen Instanz, dachte Kreutz. Seine Aufgabe war das nicht. Er war nicht anmaßend. Nur verletzt. Eine Wunde, die seit 44 Jahren suppte. Aber verbluten an diesen Wunden, die man nicht sieht, würde er nicht. Kafka war schließlich auch nicht verblutet an den Wunden, die man nicht sieht. Charles Bukowski auch nicht. Die hatten irgendwann den, der Wunden zufügte so ganz nebenbei, überwunden. Auch Kreutz würde seinen Vater überwinden. Irgendwann. Nicht vergessen, das ging ja nicht. Aber überwinden, also hinter sich lassen wie einen Bahnhof, von dem man soeben abgefahren ist. Überwinden, ohne zu verurteilen. Denn Kreutz war nicht Gott. Das Einzige, was Kreutz wollte: seinen Frieden. Und der war hier, wo der Vater war, nicht zu finden. Würde auch nie zu finden sein. Deshalb: ab.

Kreutz stand plötzlich auf, lief zwischen Kisten und Kartons und demontierten Möbelteilen herum wie jemand, der in einem brennenden Gebäude den Notausgang sucht. Hatte er nicht noch irgendwo Wein? Ja, er hatte. Da, in einer Kiste zwischen Aktenordnern und Büchern über den Weltkrieg Zwei hatte er die Flasche verstaut. Also herbei mit dem Roten! Den Korken hebelte er aus der Flasche mit seinem alten Schweizer Taschenmesser. Ein Glas brauchte er nicht. Hier, allein, zählte keine Etikette. Also soff er den Roten, wie er aus der Flasche kam. Soff im Steh'n. Wie Katharina, kurz bevor sie ihn verlassen hatte. Dann setzte er sich wieder, mit der Flasche in der Hand, streckte die Beine lang aus, schaute durch das Dachfenster in den Nachthimmel hinaus, erinnerte sich: wie er vor Kurzem über einer Geburtstagskarte saß. Im Winter war das gewesen. Sein Vater wurde 68. Und er, Kreutz, sollte die Karte schreiben. Wer Romane schreibe, könne auch Geburtstagskarten schreiben. So Evelinde. Und dann hatte er da gesessen, die Karte aufgeklappt vor sich auf dem Arbeitstisch. Wie ihn das schwere weiße Kartonpapier angeschrien hatte! Schreib mich voll, hatte es geschrien, schreib mich voll mit lieben herzlichen Wörtern! Ich bin doch eine Geburtstagskarte, hatte es geschrien, da muss dir doch was Schönes und Liebes einfallen für den, den du beglückwünschen willst! Aber ihm war nichts eingefallen. So etwas kannte er gar nicht von sich – diese Schreibhemmung. Aber in dieser Situation hatte er sie ganz deutlich verspürt. Wie eine Lähmung war das gewesen. Der Kopf wollte nicht denken, die Hand wollte nicht schreiben. Zum Glück war ihm ein Baudelaire-Gedicht eingefallen, das den Titel *Die Eulen* trug. Da sein Vater ein Vogelfreund war, Ornithologe, wie der betonte, wenn der mit Leuten sprach, hatte Kreutz eben dieses Baudelairesonett auf das weiße Kartonpapier geschrieben, die zweimal vier und zweimal drei Verszeilen ergänzt um die Floskel: *Alles Gute zum Geburtstag wünschen dir deine Kinder Evelinde & Cornelius.* So war das gewesen. Schlimm war das gewesen. Und dieses Schlimme hatte ihm demonstriert: Er hatte seinem Vater tatsächlich nichts mehr zu sagen. Es war eben, wie es war: tot. Und was tot ist, spricht nicht mehr.

Kreutz stand wieder auf, soff Wein aus der Flasche, öffnete das Dachfenster, spie Speichel hinaus in die Nacht, schloss das Dachfenster wieder, lief ein bisschen herum, schaute sich die demontierten Teile an, die Kisten, Kartons, dachte, morgen, endlich, bist du hier weg, setzte sich, soff die Weinflasche leer, dachte plötzlich an Benedikt. Was der für einen Vater hatte! Schrieb sogar Briefe an seinen Sohn! Und Kreutz' Vater rief nicht einmal an! Als Kreutz im Januar wieder losgezogen war an die Front: Der Vater hatte nicht angerufen, nicht nachmittags, nicht abends, nicht am darauf folgenden Tag. Stattdessen hatte der sich bei Evelinde erkundigt, wie es ihm, Kreutz, denn so gehe, ob er denn diesmal durchhalten werde als Studienrat. Kreutz dachte jetzt: Unglaublich! Kreutz musste in die Schulhölle zurück, das Risiko, endgültig zu verbrennen, war enorm – und der Vater meldete sich nicht. Und Benedikts Vater schrieb seinem Sohn diesen Brief! Der hatte ausgedrückt, was der Sohn für den Vater war. Und hier?! Nichts! Das hieß: ohne Ausdruck kein Verstehen. Ohne Verstehen keine Annäherung. Ohne Annäherung

kein Vertrauen. Ohne Vertrauen keine Liebe. Ohne Liebe
alles Murks. Kreutz hatte keine Lust mehr auf diesen
Murks. Was hier alles unterblieben war! Was hier noch
alles gesagt werden musste! Mein Gott, dieses Vatersohnverhältnis war doch nichts als eine einzige Baustelle. Eine
Großbaustelle war das, aber was für eine! Und in welch
miserablem Zustand die war! Das würde noch viel Arbeit
geben. Aber nicht jetzt, dachte er, nicht heute, nicht morgen. Irgendwann, ja, da würde er auf diese Baustelle
zurückkehren, und dann würde man eben sehen, was noch
zu retten war. Wenn überhaupt noch etwas zu retten war.
Ein letztes Mal schaute er jetzt zum Dachfenster hinaus
und hinauf in den Nachthimmel, der sich über ihn hin-
wölbte wie eine riesige schützende göttliche Hand. Schon
morgen Abend würde er in den Nachthimmel über Göttingen schauen. Ein bisschen Abschiedsschmerz fühlte er
jetzt schon. Heimat ist eben Heimat, dachte er, und Göttingen war nicht seine Heimat. Würde auch nie seine Heimat sein. Auch wenn es dort noch eine Katharina gab.
Die vielleicht sogar noch wartete auf ihn, auf ein Zeichen
von ihm, ihn vielleicht wieder aufnehmen würde wie eine
Mutter ihren verlorenen Sohn. Er wusste es nicht. Aber
dieses Haus hier war auch nicht mehr sein Zuhause. Das
wenigstens wusste er. Jetzt. Ganz bestimmt. Nein, seit
langem schon. Aber erst jetzt konnte er sich das eingestehen, dass das so war. Dass also nichts mehr war. Folge:
Er musste wieder los. Und hoffen, dass er irgendwann
irgendwo genauso ankommen würde wie Benedikt Neumann vor seinem Kamin.

13

Die beiden Männer vom Möbeltransport hatten ganz
schön zu schleppen, Bücherkartons und Glastische und
Ledersofas haben ihr Gewicht. In anderthalb Stunden
hatten sie die Dachgeschosswohnung komplett leer-
geräumt, alles durch das enge Treppenhaus nach unten
getragen und in diesem großen Kastenwagen verstaut,
die Glastüren des Sideboards hatten sie in dicke Woll-
decken gehüllt, sperrige Teile mit Spanngurten an der
Ladewand festgezurrt. Es konnte also losgehen. Kreutz
war bereit. Er hatte das Gefühl, dass das, war er hier
machte, richtig war. »Das war's«, sagte Kreutz zu Ottmar, als auch wirklich der letzte Umzugskarton auf der
Ladefläche verstaut war.

Er bemerkte, wie sein Vater unter der Haustür stand und
zuschaute. In seinem verwaschenen blauen Arbeitskittel
stand der da, in seinen Händen hielt er Werkzeug: Fuchsschwanz, Wasserwaage, Zollstock. Aus einer Tasche seines Arbeitskittels lugte noch der Griff eines Hammers. Zu
spät, dachte Kreutz, als er seinen Vater so dastehen sah.
Der hatte seine Chance gehabt. Und sie nicht genutzt. Als
Vater. Jetzt war es eben zu spät.

Grußlos davonfahren wollte Kreutz jedoch nicht. So etwas
gehört sich nicht, wenn man burgerlich erzogen worden
ist und dazu auch noch Studienrat. Also ging er hin zu
dem, sagte, man wolle jetzt los. Der Vater nickte. Damit
nicht unnötig Wärme verloren gehe, habe er die Heiz-
körperthermostate in allen Zimmern im Dachgeschoss
auf null gedreht, sagte Kreutz. Wieder nickte der Vater.
Kreutz reichte dem Vater die Hand. Der musste, damit
auch er ihm die Hand geben konnte, Fuchsschwanz und
Zollstock, die er in der Rechten hielt, unter seinen linken

Arm klemmen. Jetzt konnte man sich die Hände schütteln, auch kräftig zudrücken. Einen festen Händedruck hatten sie ja, beide.

Er solle auf sich aufpassen, sagte der Vater.

Ja, sagte Kreutz.

Und sich mal melden, sagte der Vater.

Ja, sagte Kreutz.

Und fahr vorsichtig, sagte der Vater.

Ja, sagte Kreutz.

Also dann, sagte der Vater.

Mach's gut, sagte Kreutz, drehte sich um und stieg in seinen TT. Weg von hier, dachte Kreutz und gurtete sich an. Auch Ottmar Nebel gurtete sich an; er nickte Kreutz zu, Kreutz nickte zurück. Im Außenspiegel konnte er, bevor er losfuhr, noch wahrnehmen, wie sein Vater hinter ihm die Straße passierte und hinüberging zu Mirko Protz. Sieh mal einer an, dachte er. Dem half der Vater und ihm, Kreutz, hatte er nicht geholfen. Keinen einzigen Karton hatte der Vater zum Möbelwagen getragen, nicht ein einziges Teil seines Regals. Und zu Mirko Protz ging der jetzt mit Zollstock, Fuchsschwanz, Wasserwaage! Kreutz schüttelte unwillkürlich den Kopf, dachte: Den wirst du nie verstehen.

Dann fuhr er los. Kreutz schaltete den CD-Player ein, CD drei wollte er hören, John Lee Hooker, *Don't look back*, eine Aufnahme von '97. Kreutz fuhr mit seinem TT voraus, die Männer mit dem Möbelwagen fuhren hinterher. Knapp zwei Stunden würden sie brauchen bis Göttingen, sofern alles zügig lief. Da oben dann alles wieder ausladen, aufbauen, einräumen. Und heute Abend würde er auf der Terrasse seiner neuen Wohnung sitzen und in den Göttinger Nachthimmel schauen, der aber auch nicht anders aussah als der Nachthimmel über Berghausen, Berleburg oder Berlin.

Und, fragte Ottmar, ob er Wehmut verspüre.

Kein bisschen, sagte Kreutz.

Na, sagte Ottmar in einem Ton, der ausdrücken sollte: Lüg mich nicht an.

Und wenn schon, sagte Kreutz.

Henri werde ihn vermissen, sagte Ottmar. Der Junge habe gestern Abend noch lange in seinem Bettchen geweint.

Kreutz nickte. Nie vergessen wird er diesen traurigen Kinderblick, als er dem Jungen gestern erklären musste, dass er, Kreutz, nach Niedersachsen ziehe, also fort sei von hier für längere Zeit. »Das geht doch nicht, Onkel Cornelius«, hatte der Junge gerufen, »du bist doch mein Freund!« Er müsse eine wichtige Arbeit tun, hatte Kreutz gesagt, eine Arbeit, die er hier nicht tun könne. »Und wenn deine Arbeit fertig ist?« Komme Kreutz wieder zurück. »Zu mir?« »Ja.« »Und du lügst mich auch nicht an?« »Nein.« »Und dann hast du auch wieder Zeit für mich?« »Und ob.« »Und wir erleben wieder Abenteuer unten am Fluss?« »So viele du willst.« »Das ist schön«, hatte der Junge gesagt. Und als Kreutz abends gegen acht Sabrinas Wohnung verlassen wollte, war der Kleine noch einmal in sein Kinderzimmer gegangen, hatte gesagt, Kreutz solle noch warten, er, Henri, habe nämlich noch etwas für ihn, war dann wiedergekommen und hatte ihm ein Bild in die Hand gedrückt, das er für Kreutz gemalt hatte, ein ziemlich abstraktes Bild, aber doch erkennbar zwei menschliche Figuren, die offenbar an einem Fluss sitzen und zu einem Wald hinüberschauen, über dem eine hellgelbe Sonne strahlt mit Augen, Nase, lächelndem Mund. »Das sind wir«, hatte ihm der Junge erklärt, »du und ich, unten in Raumland an der Eder, wie wir Steine werfen über den Fluss.« Das habe er für ihn gemalt, damit er, Kreutz, immer an ihn, Henri, denke. Und Kreutz hatte gesagt, dieses Bild werde einen Ehrenplatz erhalten, und er hatte den Jungen ein letztes

Mal umarmt und kräftig gedrückt, ihm Wangenküsschen gegeben rechts und links. Ja, der Junge würde ihn vermissen, wie Kreutz den Jungen vermissen würde. Auch Sabrina würde er vermissen, nicht so stark wie den kleinen Henri, aber vermissen würde er sie schon, auch wenn sie die Frau eines andern war. Würde er seine Mutter vermissen? Ja. Ottmar Nebel? --- Dass er seinen Vater vermissen würde, ihn als Person, konnte er sich jetzt nicht vorstellen. Kreutz hielt die Entscheidung, die er getroffen hatte, nach wie vor für richtig. Auf absehbare Zeit gab es für ihn keinen Weg zurück. Herausgetreten war er aus dem Schatten desjenigen, der nicht willens oder fähig war, wenigstens ein bisschen Licht durchzulassen für den, der da im Schatten stand. Sein Vater würde jetzt das große Haus allein bewohnen. Gut, das musste der, wenn Kreutz nicht da war, unter der Woche auch. Aber jetzt würde der auch an den Wochenenden allein sein. Das vor allem. Das gemeinsame Frühstück samstags früh: gewesen. Die Witwe würde ihn besuchen, die alte Frau mit dem lauten, schrillen Organ, die würde kommen, wie üblich, zwei- oder dreimal die Woche, abends zwischen acht und zehn, um mit dem Vater die Zeit zu verbringen vor dem TV. Doch davon abgesehen war der Vater die übrige Zeit allein. Tat ihm der Vater jetzt etwa leid? Nicht wirklich, aber schön war das nicht, allein zu sein, zumal wenn man alt war. Kreutz dachte: Der ist auch allein, wenn der Raum voll mit Menschen ist. Im Grunde genommen brauchte der Vater ihn nicht! Als Köter, der sprang, wenn man rief, ja, da hatte der Vater ihn gebrauchen können. Aber als Mensch?! Person?! Sohn?! Was mit ihm sei, fragte Ottmar plötzlich. Man sei jetzt bereits durch Beddelhausen hindurch, erreiche gleich die Landesgrenze, sei dann also schon in Hessen, und er, Kreutz, habe immer noch kein einziges Wort gesagt.

Nichts sei, sagte Kreutz, es sei alles in bester Ordnung.

Aber ihn bedrücke schon etwas, sagte Ottmar.

Jetzt nicht mehr, sagte Kreutz.

Wie er das verstehen solle, fragte Ottmar.

Nun, sagte Kreutz. Er wolle ihm, solange sie unterwegs seien, eine Geschichte erzählen, sofern Ottmar diese Geschichte überhaupt hören wolle.

Warum nicht, sagte Ottmar, wenn es eine gute Geschichte sei.

Ob das eine gute Geschichte sei, sagte Kreutz, könne er nicht beurteilen. Jedenfalls sei die Geschichte, die er erzählen wolle, keine lustige Geschichte, auch keine mit Happyend. Eigentlich sei das eher eine traurige Geschichte, sagte Kreutz, im Wesentlichen die Geschichte zweier Männer, die sich, sobald sie aufeinander treffen, verhalten wie Kinder, wenn sie in ihrer Trotzphase sind. Und diese Geschichte möchte er, Kreutz, beginnen lassen wie folgt: *»Lies das mal!«, sagte der Vater im Ton eines Kommandeurs und schob mir einen Zeitungsartikel quer über den Frühstückstisch.*

Rainer Daus »Der Studienrat«

»atemloser Debütroman«
ROLAND TAUBER, www.leipziger-messe.de

»hart, direkt, irritierend«
VERENA LEIDIG, Göttinger Tageblatt

»Daus erzählt Stakkato, aber geordnet«
VOLKER GASTREICH, Siegener Zeitung

»realisitisch, provokant, aktuell«
MANUEL ROTH, Siegerländer Sonntagsanzeiger

Rainer Daus
»Der Studienrat«

Edition Octopus
Softcover
244 Seiten
ISBN 978-3-86582-424-0
16,80 EUR